# 令和の『一球入魂』

小宮山 悟

## まえがき

２０２１年東京六大学野球春季リーグ戦、早稲田大学は5位に終わりました。

前年秋、10季ぶりの天皇杯奪還を果たし、周囲も部員たちも、「連覇」を唱えて始まったシーズンでした。

とはいえ、絶対的エース・早川隆久（現東北楽天）がいた前年のチームと、このチームは全く別のチーム。もちろん、われわれはいつ、いかなるときもリーグ戦に臨む限り、優勝を目指します。しかし、それは「勝ちたい」という気持ちでプレーする結果であって、「前年秋に勝ったから」という理由ではありません。

このシーズン前、学生たちはチームスローガンを『一球入魂』としました。今や全国津々浦々の野球チームに浸透した『一球入魂』。この言葉のルーツは早稲田大学野球部初代監督・飛田穂洲にあり、『一球入魂』の精神は常にわが野球部の根幹に流れるものでした。

つまり敢えてスローガンにするものではない。早稲田大学野球部員として、当然の考え方なのです。

「早稲田には『一球入魂』しかないのだから、スローガンは必要ないんじゃないか？」

当初、私は毎年のスローガンを設定すること自体、否定的でした。しかし、早稲田には
また、学生主体での野球部運営を理想とする伝統もあります。学生たちが『一球入魂』を
スローガンとして敢えて掲げたいのなら、否定はできません。
ただし、一つだけ学生に言いました。
「お前ら、そのスローガンは『十字架を背負う』ことになるぞ」
その『十字架』の意味——早稲田大学野球部とは何か。その一員としてプレーするとは
どういうことか。
現役時代からの私の経験を通し、この本に記していきたいと思います。

小宮山悟

# 令和の『一球入魂』　目次

# 第2章　早稲田大学野球部監督就任

# 第3章　ルーキー監督の闘い

# 第4章 「勝っちゃった」優勝

# 第5章 早慶6連戦

## 第6章　早稲田大学野球部監督の使命

## 第7章　これからも『一球入魂』

装丁・本文デザイン／浅原拓也
構成／前田　恵
写真／桜井ひとし、矢野寿明、ベースボール・マガジン社
協力／早稲田大学野球部
東京六大学野球連盟

# 第1章　早稲田に行きたい

## ●お前は慶應のガラじゃない

「早稲田に行きたい」

初めてそう思ったのは、17歳の秋でした。

当時、私は芝浦工業大学柏高校2年生。芝浦工大柏は工業大学の併設高ながら工業科はなく、すべて普通科の進学校でした。私のころは学年の7割が内部進学、2割が私立文系、残りの1割が国立大学進学というのが進路の割合でした。

高2に上がると、いよいよ受験対策が本格化します。芝浦工大に推薦入学を希望するなら、理数系を軸に勉強していかなければなりません。しかし私の成績は物理、化学が平均以下。一方英語、国語は平均を上回っていましたから、まずは私立文系コースを選択しました。

私立文系、なおかつ体育会で硬式野球を続けたい。加えて私の脳裏には、小・中学生時代にテレビ観戦した東京六大学野球のイメージが焼き付いていました。

そこでおのずと進路は東京六大学の〝5大学〟に絞られていったわけです。

ちょうどその秋、早稲田大学野球部は東京六大学リーグ戦7季ぶりの優勝を果たしました。私は3カード目の法大戦を、たまたまテレビで観戦していました。法大は春のリーグ戦と全日本大学選手権を制し、連覇を賭けてのシーズン。田中富雄さん（のち日本ハムほか）、木戸克彦さん（のち阪神）、小早川毅彦さん（のち広島ほか）、西田真二さん（のち広島）、銚子利夫さん（のち大洋ほか）といった、高校からプロまでスター街道まっしぐらの選手ばかりです。片や早稲田は、甲子園のスターといえば、エースの木暮洋さん（桐生高卒）ただ一人。スター軍団に立ち向かう木暮さんが「浪人して早稲田に進学した」ことを中継の中で知り、余計その姿に憧れました。

やがて早慶戦を見たとき、私の進路選択は決定的になりました。芝浦工大柏は甲子園とは縁遠く、チームも弱ければ応援も盛り上がりに欠ける、ごくごく普通の学校だったのです。それに引き換え六大学の——早慶戦の盛り上がりはあまりにも熱く、眩しくて、「あの中に身を置いてみたい」と思わせてくれるものでした。

私は進路相談で、担当教員にこう尋ねました。

「早稲田と慶應だったら、どちらに受かりますかね？」

先生は私を一瞥《いちべつ》すると、「お前は慶應のガラじゃないな」と言いました。わが芝浦工大柏は、もともと男子校。まだ創立から日も浅く、いわゆる〝輩（やから）感〟満載の学校でした。中でも野球部で大きな顔をしたヤツが、「どっちに受かりますかね？」と〝受かる前提〟で生意気な口を利いているわけです。

俺は早稲田タイプということか、と私は思いました。

ちなみに先生は、（同じ東京六大学でも私が真っ先に選択肢から外した）東大卒。その先生が「お前はスマートな慶應とは違う」と断言したのですから、ある意味、説得力はありました。

早稲田大学に入学し、野球部員になる。それが、私の目標になりました。

## ●合格を妄信したひと言

早稲田大学の学生となって野球部に入部、そこで4年間全うして教員免許を取り、高校野球の指導者になること。そんな目標が定まったのは喜ばしく、私は周囲に「早稲田に行く」と散々吹聴して回りました。それには当然、早稲田大学の入学試験を突破しなければならないわけですが……。

高校3年の夏、私は早稲田大学野球部の練習会に参加しました。早稲田を志望する高校生が浪人生も含め、総勢100人超集まります。ピッチャーは30数人。甲子園でおなじみの選手もおり、つい2日前まで甲子園で投げていた箕島高・吉井理人（のち近鉄ほか）も参加していました。そこでピッチングを披露した私は、先輩がたに「今日来た中で一番よかったぞ」と絶賛されました。

こう見えて、私はすぐにのぼせ上がるタイプなのです。「あの、吉井の球を見たうえで、俺のほうがいいと言ってくれるのか」とついつい、その気になってしまいました。

「おいおい、もしかして早稲田に行ったら、レギュラーになれるんじゃないか」

そんな甘い考えが、私の頭の中で膨らんでいきます。

11月、今度は「受験対策の勉強会がある」と野球部から呼ばれました。意気揚々と向かうと、呼び出された高校3年生は20人ほど。毎年早稲田の野球部には、推薦で20人ほどが合格すると聞いていた、その数字と合致します。この時点で、私はすっかり「合格したんだ」と思い込んでしまいました。

まっとうな受験生なら勉強の追い込みに入ろうかという、高3の11月。心配した親に「お前、早稲田を受けるとか言って、何も勉強していないじゃないの」と言われても、「いやいや、大丈夫。俺、受かるから」と、私はのんべんだらり、試験までの日々を過ごしていました。2月末の試験当日、マネージャーに「ちゃんと勉強してきただろうな？」と言われ、「この人は何を言っているんだろう」ときょとん。合格発表の日、私の名前などあるわけがありません。

それでも私は、練習会の「一番よかったぞ」という一言をまだ信じていました。野球部のマネージャー室を訪ね、「名前がなかったんですが……」と切り出すと、返ってきた答えは「来年、どうする？」。そのとき初めて、「(早稲田に入るためには）本当に勉強しなければいけないんだ」と気づいたのです。

## ●早稲田かぶれの予備校生活

果たして、私の予備校生活が始まりました。

しかし、私は根が横着でした。おまけに自分で言うのもなんですが、基本的に「頭は悪くない」と承知していました。そこが厄介なのです。「頭が悪くはないから、要領よくやればなんとかなるだろう」と分かっているがゆえに、要領よくやることだけを考える。「勉強して実力を付け、受験に合格しよう」とは思わないわけです。

受験勉強の早道は、コツコツ暗記して詰め込むこと。それは理解していましたし、まんざら記憶力も悪くない。「でも、そうやって覚えたところで応用が利かないと、どうしようもないよな」と逃げ口上を用意して、暗記すらしませんでした。つまりは、受験を舐めていたのです。そりゃあ2年も予備校へ通う羽目になるはずです。

「行ってきます」と朝、自宅を出たら、あとは糸の切れた凧状態。自分の中で「これは必要な授業」「これは受けなくてもいい授業」と仕分けをし、空いた時間は予備校の目の前にある喫茶店で時間を潰したり、明治神宮まで足を延ばして日向ぼっこをしたり。「勉強をする」と称して図書館に入り浸っては、早稲田大学関係の本や雑誌を読み漁りました。

野球部初代監督・飛田穂洲先生の『熱球三十年』との出合いも、このときでした。あの本はもはや、早稲田大学野球部の歴史書。戦争が身近にあった時代、学生たちは国を背負い、家を背負い、大学を背負って戦った。こんな立派な学生に早稲田の野球部は支えられていた、という話です。あまりに時代が違い過ぎて、すべてを肯定的に捉えることはできないかもしれません。しかし、飛田先生が言うところの〝ボールに対する想い〟は今どきの学生も理解しようと努力しなければいけないと思います。

浪人当時、ベースボール・マガジン社から出ていた、野球部の特集号を買った記憶もあります。雄弁会の本も読みました。合格前から、とにかく早稲田かぶれでしたね。

その間、野球の練習は全くしていませんでした。

ただ一浪目の夏、冷やかしで巨人の入団テストを受け、合格しているんですよ。名前こそ出ませんでしたが、「予備校生」と新聞でも報道されました。高３の夏からほとんど練習していない中、そういう結果が得られたわけですから、野球の能力的な部分に関しては自信を持つことができた、絶好の機会となりました。

## ●志望校再考を要す

二浪したのは正直、引っ込みがつかなくなった部分もあったと思います。

繰り返しになりますが、練習会で褒められ、天にも昇る気持ちで「早稲田に行けるんだ」と思い込み、周りにも「俺は早稲田に行く」と散々喧伝してしまったのに、落とされた。

「話が違う」というのが、私の勝手な思いでした。

浪人して、もし早稲田で野球ができないのなら、早稲田に受かるだけ受かって他の大学に行こう。「早稲田に受かったけど、蹴ってやった」と言ったらカッコいいんじゃないか、と息巻いていました。

ところが、どうやら一浪してもまだ野球がやれそうだ。巨人・多摩川グラウンドでのテスト合格も、その裏づけになりました。とはいえ、二浪目ですっかり〝予備校のベテラン〟になっていた私は、変わらずぐうたらな生活を送っていました。

いよいよ尻に火がついたのは12月、前月行われた模擬試験の結果が返ってきたときです。早稲田大学合格可能性は、０%。「志望校再考を要す」と書かれていました。２年浪人させてもらって早稲田に合格できなかったら、親になんと言えばいいのか。

「これはいよいよヤバイぞ」と思いました。

それからは、寝る間も惜しんで机に向かいました。自分でもよく、倒れなかったと思います。勉強したことを、とにかくどんどん頭に詰め込む。そして、それが漏れ出さないよう押さえながら、また新しいものをどんどん詰め込む。私は政治経済を選択科目にしていたのですが、受験勉強の過程で例の雄弁会の本が役に立ったのは面白い偶然でした。

最終的に（それほど出来は良くなかったけれども）なんとか合格ラインに引っ掛かり、私は晴れて早稲田大学に入学したのです。

## ●張り切りルーキー、ベンチメンバーに

早稲田大学野球部では、すべてが新鮮でした。

全国各地の野球強豪校から、〝強者〟が集まる場所。彼らの高校時代の話を聞くたび、強豪校で野球をした経験のない私は「シャレにならねえな」と思っていました。そんな連中と寝食を共にしながら、「早稲田とは」というところから学んでいった下級生のころ。当時はまだ、上級生に白いものを「これは黒いな」と言われたら、「はい」と答えなければいけない時代でした。そうした世界も、私は高校時代に経験したことがなかったのです。

そんな中、私は入部2週間でレギュラー練習に抜擢されました。〝強者〟たちから見ればどこの馬の骨とも知れない、2年浪人したヤツがトントン拍子で、そのまま春のリーグ戦中もレギュラー練習に入ったわけです。試合用のユニフォームを渡されたときは、「ウ

ソだろう？」と思いました。しかも最後の早慶戦でベンチに入れてもらえるなんて、想像もしていませんでしたから。今思えば、怖いぐらいの強運でした。

これまでの人生を振り返ると、私は運に恵まれているかもしれません。ただ私の場合「幸運」じゃない、「強運」です。もし「幸運」の持ち主だったら、プロでももっと強いチームに入っているでしょう。何度も日本一を経験していたかもしれません。大学1年の春、レギュラー練習に入れてもらったときの私は、明らかに「強運」があったのです。

あのとき、もしピッチングスタッフがそろっていたら、出番なんかもらえなかったでしょう。そもそも2年も浪人して体がなまっていたから、初めは練習にもついていけず、ヒーコラ音《ね》をあげていたのです。メンバーがハワイ遠征に出かけている間、グラウンドの土の入れ替えが行われたため、毎日走ってばかりの練習でした。うんざりしていたところに遠征組が帰国し、グラウンド練習が始まった。やっとボールが投げられる、と張り切ってビュンビュン投げていたところをたまたま学生コーチが見て、「いい球を投げているヤツがいる」と、監督に推薦してくれました。そこで監督の目に留まり、ベンチメンバーに抜擢されたのです。

もしグラウンドの土の入れ替えがなく、ずっとボールを使った練習をしていたら、あんなに喜び勇んで投げることもなかったかもしれません。まあ、人生いろいろあるものだな、と思いました。

そのころ、私は大学近くの下宿屋で独り暮らしをしていました。一緒に下宿探しをしてくれた兄に「野球をやるんだったら、大学に近いところがいいだろう」と言われ、見つけた物件。安部球場から距離にして1キロほど離れたインド大使公邸の裏手にある、ちょっと古びた下宿屋でした。四畳半の部屋に、洗面所とトイレは共同。風呂はなく、下宿人たちは向かいの銭湯やコインランドリーを利用していました。私は野球部の施設内で風呂に入り、食事は仲間と済ませると、下宿には寝に帰るだけ。今の学生たちは比較的裕福な家庭の子どもばかりですが、わが家はそこまで裕福ではなかったので、相応の住まいだったと思います。

2年間ここに下宿するつもりで契約していましたが、1年秋のシーズン後、野球部の寮に入ることになりました。「申し訳ありませんが、レギュラーは全員野球部寮に入らなければいけないので……」と大家さんに事情を説明しに行くと、すでにご存じだと言います。そこで初めて、その下宿がNHKのスポーツアナウンサーの奥さんのご実家だったと知りました。私が秋の早慶戦でデビューしたのを見たアナウンサー氏がすぐ、「小宮山君は野球部の寮に入るから、下宿を引き払うことになるよ」と大家さんに話したのだとか。1年にも満たない下宿生活でしたが、まあ、いろんなことがありましたね。ちなみにフジテレビのアナウンサーだった逸見政孝さんも、かつてその下宿で青春を謳歌したそうです。

## ●〝鬼〟が来た

大学2年秋のシーズンが終わり、私が早稲田大学野球部で2年間お世話になった飯田修監督が退任。翌1988年2月、後任としてやってきたのが、石井連藏さんでした。石井さんは水戸一高で、飛田先生の後輩。大学時代はエースとして早慶戦に7勝を挙げ、54年秋には首位打者も獲得しています。58年から63年までは第9代早稲田大学野球部監督を務め、その間2度のリーグ優勝を果たしました。うち一度は60年秋、学生野球史に残る『早慶6連戦』を制し、決めたもの。そんな伝説の人が、退任後に勤めていた朝日新聞社からの出向という形で、実に25年ぶりの監督復帰となったのです。

石井さんとわれわれ部員の初顔合わせの日。石井さんの第一声は、今も忘れられません。

「早稲田の石井です」

朝日新聞社からの出向なのですから、本来は「朝日新聞の石井です」と言うところ。そこを石井さんは、敢えて「早稲田の石井です」とおっしゃったのだと私は思っています。

そして、続けて言いました。

「俺の体には、早稲田の血が流れている。君たちも同じ早稲田の血が流れている。今日から一緒に頑張ろう」

石井さんは早稲田大学野球部ＯＢでＭＬＢロサンゼルス・ドジャース会長補佐をしていたアイク生原さんを通じ、ピーター・オマリー会長やトミー・ラソーダ監督らと親交がありました。今思えば石井さんの言葉は、ラソーダさんの名言「私の体にはドジャー・ブルーの血が流れている」をそっくりそのまま、早稲田に置き換えたものだったのですね。

新監督就任挨拶は、たったこれだけで終わりです。しかし、このわずか数十秒のセリフに、私はたまらなくしびれました。

そんな私に、石井さんが声を掛けてくださいました。というのも私はその1週間ほど前の練習中、打球を顔面に受けて陥没骨折。眼帯をした顔は、まだ内出血で紫色に腫れ上がっており、お岩さんのような状態だったのです。

「どうしたの？」

水戸なまりの、朴訥《ぼくとつ》とした口調でそう尋ねられ、私は「練習中に打球が当たって、骨折しています。ただ、もう練習も普通にできるので、明日から練習します」と答えました。

「それは大変だったな」

短い会話でしたが、それが石井さんとのご縁の始まりでした。そして私は間もなく、石井さんのことを、いろいろな意味で「とんでもないな、このオヤジ」と心底思うようになるのです。

## ●伝説の暗闇ノック

第9代監督を務めたときの石井さんは、まだ25歳。血気盛んな青年監督で、『鬼の連藏』と恐れられました。投げれば一番球が速い、打てば一番ボールが飛ぶ、という人が監督になったのですから、それも納得です。その〝伝説〟は私も本で読んでいましたし、OB

の諸先輩がたから聞かされてもいました。25年の時を経て石井さんの第14代監督就任が決まったあとも、石井さんを心配したOBが何人もグラウンドにやってきて、私たちにあれやこれや話を聞かせてくださいました。

石井さんは〝伝説〟どおり、厳しいかたでした。

土砂降りだろうが、大雪でグラウンド一面銀世界だろうが、何がなんでも外で練習するのです。もちろん、早稲田には室内練習場があります。なのに石井さんは「この大雨の中、慶應が、明治が練習していたらどうなる？ 恐ろしいことだぞ」と言って、決して室内練習場を使わない。

心の中では「慶應も明治も絶対、外では練習してないよ」と思っても、石井さんにそう言われたら、「はい」と言って外に出るしかありません。

石井さんの〝伝説〟の一つに、『暗闇の中のボール回し』があります。1960年、『早慶6連戦』の前カード・明大戦に大敗し、勝ち点を落とした早稲田は、優勝戦線から後退しました。安部球場に戻ったときには、すでに日が傾いていましたが、石井さんの号令で練習が始まりました。当時、グラウンドに照明設備はなく、あるのは後片付け時に使う電球数個程度。暗闇迫るグラウンドで、石井さんは選手たちにボール回しを命じたのです。

選手たちは各ベースとボールに石灰を付けて白くし、暗い中でも見えるよう工夫しましたが、それでもボールは見えません。すると石井さんは、「じゃあどうすればボール回しができるか、考えてみろ」と言います。そこで選手が考えたのは、ボールを持ったまま走り、次の選手に手渡すこと。人の姿も見えない真っ暗な中、次の選手が自分を呼ぶ声を頼りに、選手たちはグラウンドを駆け回りました。

これはつまり、究極の中継プレー。野球は〝一つのボールをつないでいくこと〟が、原点にあります。「このボールを確実に処理してくれ」と思いながら、いたわりの気持ちをもって相手に届ける。受け取る側は、その思いも含め、ボールを確実に受け取らなければなりません。お互いそれができてこそ、チームプレーができる。チームのつながりが、そこに生まれるのです。

その練習を通し、選手たちは明大戦で自分たちにチームとしてのつながりがなかったことに気づきます。何度かこの練習を繰り返すうち、明るい中でのキャッチボールやノックのときも、選手はお互い声を掛け合うようになりました。それまで以上に選手同士の心が通じ合い、チームとしてのまとまりを得た早稲田は、『早慶6連戦』で見違えるようなチーム力を発揮します。

それから28年後。グラウンドに帰ってきた石井さんは同様に暗闇の中、私たちにノックを始めました。外野に打球が飛んでも、外野手は全く見えません。ボールがポンッとバウンドする音を頼りに、打球を追いかけます。やっと追いついて返球しても、やはり暗いので、内野手は捕ることができません。すると石井さんは怒って、もう一回ノックを打つ。そこでOBの大先輩がたから聞いていた『暗闇の中のボール回し』の話をみんな、思い出しました。

「走って届けろ！」

外野手が中継の内野手のところに走ってボールを渡すと、内野手がそのボールを持って走り、ボールの見えるところから捕手に投げる。

「ナイスプレー！　中継プレーとは、そういうことなんだぞ」

石井さんはそう声を掛けると、ノックを続けました。

## ●ふざけたチームを正しい姿に

若かりしころの石井さんが至近距離で個人ノックをし、グラウンドを1周してしまったエピソードも、有名な話です。石井さんはどんどん前に出る、選手はどんどんあとずさりする。その繰り返しで、グラウンドを1周するわけです。いつしか名物練習となり、ノックが終わると見学者から拍手が起こったのだとか。

さすがに私たちのときは石井さんもお年を召していらしたので、グラウンド1周までは体力が続かなかったようです。ただ、全員が完璧にノックを捕球するまで一からやり直しがかかるノックは、ありました。

石井さんの「やり直し！」が繰り返されるうち、どんどん暗くなって、またボールが見えない状況になってくるわけです。やっと最後のファーストまでたどり着き、「これで終わる」と思った瞬間、最後の1人がボールをポロッ。

そのときセカンドを守っていた3年生が半ばヤケクソで、「こうなったらとことんやろうぜ！」と叫ぶと、すかさず4年生のキャッチャーが「てめえ、ふざけんな！」と叫ぶ。その横で、石井さんがノックバットを片手にコンコン、ノックを打ち続ける……。なんとも言えない光景でした。

石井さんが二度目の監督に就任した当時、早稲田は5年以上も優勝から遠ざかっていました。そんな体たらくは、早稲田大学野球部の歴史において、考えられません。

なぜ勝てないのか。それは、石井さんの言葉を借りると「ふざけた（※おちゃらけている という意味でなく、〝お話にならない〟〝なっていない〟のニュアンス）チームになっていた」から。「ふざけたチームを、学生野球の正しい姿に戻す」と言って、石井さんは母校に戻ってきたのです。

実際、石井さんがいらしたころのチームは、選手層も薄かった。客観的に見ても明治、法政には勝ち目がないなと思うような、絶望的なチーム状況にありました。後述しますが、私が第20代監督として早稲田に戻ったとき、石井さんと同様、「ふざけたチームを、早稲田の正しい姿に戻す」と言いました。しかし、選手の顔ぶれだけでいえば、われわれの時代と比べ、断然なんとかなる面々でした。

私の１級下の代が90年春、水口栄二（のち近鉄）を主将として優勝しますが、あれも奇跡に近い優勝だったと思います。

## ●涙の敬遠策

われわれ早稲田大学野球部にとって「早慶戦に勝つ」ことは、「リーグ戦に勝つ」より大きなことです。それは『伝統』というより、『われわれの存在意義』に関わってくることだと、私は考えています。早稲田の先輩たちが紡いできてくれた長く誇らしい歴史を踏まえたうえで、われわれは慶應に勝たなければいけない。なぜか。その理由は、口で簡単に教えられるものではありません。学生自身が早稲田大学野球部で育っていく中で感じ取り、全員一丸となって最終週（早慶戦）に臨まなければなりません。

私にとって、早慶戦最大の思い出は3年秋。知る人ぞ知る、『涙の敬遠策』事件です。

春季リーグ戦終了直後の6月、1級上の主将が、教育実習へ出かけることになりました。それを石井さんに報告しに行ったところ、石井さんは「早稲田の野球部の主将が、てめえの用事で部を留守にするとは、どういう了見だ！」と烈火のごとく怒りました。主将にしてみれば、「先輩たちもみな行っているのだから、行かせてほしい」と言っただけ。ところが石井さんが顔色を変えて怒り出し、結局秋のシーズン、主将はベンチにいながら試合には出られないことになってしまったのです。

それを見て、私は「早稲田大学野球部の本当の姿とは、これなのか」と思いました。石井さんがやってきてからの野球部に比べ、1、2年のときは、部員たち自身がどこか野球部を軽く見ている印象がありました。石井さんは、そんな「早稲田の野球部を立て直す」ために戻ってきた。それは今思えば、とてつもなく大変なことでした。

3年秋の早慶戦1週間ほど前、私は石井さんに呼ばれました。そこで、「来年主将をやれ」と命じられました。早稲田大学野球部の主将は、とんでもない重責です。二つ返事で「はい」と言うわけにもいかず、じっと身じろぎもできずにいたら、「OB含め、全員にきちんと説明するから、お前が主将をやれ。ただし、これはまだ誰にも言うな」と石井さんは言いました。

そのころ寮では4年生が早慶戦を前に、「(慶應大・四番の)大森(剛=のち巨人)の野郎、調子に乗りやがって、許せねえな」と盛り上がっていました。というのも彼はビッグマウス気味で、複数のメディアに「早稲田のピッチャーなんかチョロいよ、いつでも打てる」というニュアンスのコメントが載っていたから。

「あの野郎、何がなんでも抑えてやる」「アイツだけは絶対に歩かさず、打ち取るぞ」と4年生のキャッチャーを中心に息巻いていました。主将が試合に出られないため、4年生のキャッチャーが実質、グラウンド上の主将です。

春も慶應に連敗しているのに、どこからそんな自信が出てくるのだろう……私は内心、そう思いました。

案の定、秋の早慶戦も初戦は2対3で負け。これで春から早慶戦3連敗です。もし次の試合を落としたらエースとして、もう仲間に合わせる顔がないと思いました。

第2戦、私は4回途中から2番手でマウンドに上がりました。その4回が終わり、3対3の同点。試合は1点を争う展開となっています。7回、早稲田はついに1点を勝ち越しました。この1点は何がなんでも守り切らなければなりません。

その裏、二死二塁のピンチで大森に打席が回ると、石井さんは敬遠策を指示しました。大森を一塁に歩かせ、次打者を打ち取る。慶應ベンチ、スタンドからはブーイングの嵐でした。

試合はそのまま、9回に入ります。打席には、「四番・大森」。7回に敬遠しているのだから、9回のこの場面で勝負するわけがない。私は当然、ここは敬遠だと考えていました。

ところが4年生のキャッチャーが出したサインは、「アウトコース真っすぐ」。私は「いやいや、ダメですよ」と首を振りました。おそらくスタンドのお客さんには、キャッチャーが「敬遠」のサインを出して、私がそれを嫌がっているように映ったことでしょう。でも多少なりとも野球を知っている人なら、7回に歩かせて9回に勝負するなんて、そんなバカなことは考えません。

キャッチャーが頑なにサイン変更を拒むので、私は要求通り「アウトコース真っすぐ」に、ただし絶対バットが届かないようなコースを狙って初球を投げ込みました。それを捕球するや、キャッチャーは怒りを込めた剛速球を、ブンッと私に返球してきたのです。そして第2球、サインはまたしても「アウトコース真っすぐ」。私はキャッチャーのサインを見ながら、心の中でこう訴えました。

「いや、それは無理です。これで打たれて同点になるか、あるいは逆転2ランでも打たれることになったら、4年生は早慶戦4連敗のまま卒業することになるんですよ」

## ●先輩キャッチャーとの太い縁

ふとキャッチャーの顔を見ると、「頼むから勝負してくれ」という表情をしています。

つい1週間前、4年生は対大森に気炎を上げていた。その光景が、頭をよぎりました。しかし一方で、石井さんの「来年、主将をしてくれ」という言葉が、頭の中に響いています。主将になるのに、ここで早慶戦4連敗したら申し訳ないという思い、入学してから3年間ずっと一緒に野球をしてきた4年生たちへの思い……。そんな中、慶應側のスタンドからは、「弱虫！」だのなんだの、ヤジやコールがますます大きくなっていきます。

本当なら——大森と勝負して打ち取るだけの力が私にあれば、4年生の思いを受け、「よっしゃあ！」ぐらいの勢いで、大森に向かっていったことでしょう。私だって、勝負したい気持ちでいっぱいでした。しかし、自分にその力がないことは、自分が誰よりよく知っています。

私には、大森と勝負して打ち取る自信がなかった。それが、たまらなく申し訳なかった。そのとき、私の頬をツーッと涙が伝いました。

2ボール目を投げたあとのキャッチャーからの返球は涙で霞み、見えませんでした。私がグラブで弾いて落としたボールを拾った三塁手が、私の異変に気づき、ボールを持って駆け寄りました。ベンチからも4年生の先輩が伝令に走ってきました。しかし、伝令の先輩も異様な空気を察し、無言です。

そうしてできたマウンドの輪の中で、私は言いました。

「申し訳ないけれども、今回だけは先輩の言うことを聞けません。大森は歩かせます。すみません」

私は7回と同じように大森を敬遠し、次のバッターを打ち取りました。結果、その試合は4対3で早稲田が勝利を収めたのです。

試合後、石井さんは「よくやった」と私のことを褒めてくれました。「自分を犠牲にして、チームのためによくやった」と。

しかし私の心の中では、石井さんの「よくやった」という言葉と、4年生の指示に従わなかった申し訳なさが、いつまでも葛藤を続けていました。

一つ救われたのは、1級上の先輩たちとその後もいい関係を構築したまま、現在に至っていること。さらに言うと、その4年生捕手・相田武徳はのちに私の義兄になりました。『早慶6連戦』のときの黒須睦男マネージャーの娘2人とわれわれが——姉と相田さん、妹と私がそれぞれめでたく結婚したためです。おかげで私は早慶6連戦当時の先輩がたからも、「同級生の娘婿」としてかわいがっていただいています。今回の監督就任にあたっても、その大先輩たちが私に味方してくださいました。

そうして振り返ると、私が監督になるのも、言ってみれば運命のようなものだったのかと思わずにはいられません。

# 第2章　早稲田大学野球部監督就任

## ●怒られて、主将に

大学3年秋のシーズンが終わり、私は早稲田大学第79代主将に就きました。前章でも少し触れましたが、石井さんは3年秋の早慶戦前、私を呼んで、「次期主将にする」と告げました。

その前後のできごとも、忘れられない思い出です。私は二度だけ、石井さんに怒られたことがあります。それがまさしくこの3年秋のリーグ戦さなかでした。

早慶戦の前々週、明大1回戦でのことでした。結果、6対3で勝った試合。私は先発し、8回に2失点、9回に1失点しながらも完投勝利を収めました。その8回、三塁側のダグアウトに戻ると、石井さんに「しっかり放れ！」と怒られたのです。たまたま高くバウンドした当たりが内野の頭を越え、ヒットになって点を取られた。しかし石井さんからすれば、7回まで0点で来ていたのだから、翌日の2回戦のことも考えて完全に抑え込め、という意味を込めて怒ったんですね。

私はしっかり放っていたつもりだし、それまで一度も石井さんに怒られたことがなかったものだから、余計カチンと来ました。ダグアウトの前で次の回に備えてキャッチボールを始めたときも、まだ頭に来ていて、ガンガン強いボールを投げ込みました。そのまま9回裏のマウンドに上がったら、力みかえってさらに1失点。しかし、なんとか抑えて逃げ切りました。

寮に帰ると、大先輩の相田暢一さん（1943年、『最後の早慶戦』開催に尽力したマネージャー）が待っていて、「あんな態度をとるもんじゃないよ」とまた叱られてしまいました。

そんなことがあって迎えた早慶戦前の練習日。日が傾き、今とは違って薄暗い照明の中での練習になりました。バッティング練習で打席に立ったのですが、私は少々目が悪かったため、打球の行方が見えません。ただ打った感じがファウルだったので、打席で「ボール、どこに行ったかな」とファウルグラウンドを目で追っていました。ところが、打球はフェア。「なんで走らない」と、石井さんの逆鱗に触れました。

練習後、私は監督室に呼ばれました。石井さんは窓の外を見ながら、私にいろいろな話をしました。そして振り向きざま、「お前に来年キャプテンをやってもらおうと思っている」と言ったのです。

石井さんがいつ、なぜ私を主将にしようと思ったのかは分かりません。主将就任後、石井さんと話をする中で折々、「主将というのはな……」と話をしていただきました。その中で「まずチーム内での成績、グラウンドでの存在感、普段の大学生活での存在感、どこに出しても恥ずかしくないヤツじゃないと駄目なんだ」とおっしゃっていたので、自分なりに「そういうことなのかな」と理解しています。

ただ、ピッチャーが主将を務めるのはあまり好ましくないような空気があったため、「そこは反対意見が出ても、俺が説明するから」とまで言ってくださいました。私自身は実際主将をやってみて、ピッチャーだからという不都合は特に感じませんでした。まあ、当時はそこまで深く考えていなかった。とにかく主将として成績を出さなければいけない、その一点だけが頭にありました。

早稲田大学野球部第79代主将として
チームを統率し、エースとしては東京
六大学リーグ通算20勝を挙げた著者

## ●二浪は神様の差配？

早稲田大学野球部に憧れ、2年浪人して入学。早稲田、早稲田と思ってきたとはいえ、入学時はまだ〝早稲田の素人〟でした。

1年経ち、2年経ち、早稲田大学で学んだものがどんどん自分の中に構築されていく。その中で、野球部員だった私は早稲田大学の一学生ではあるけれども、野球部員であることのほうが重い学生時代だったと思います。

振り返れば、在学中の4年間だけでなく、自分が意図していない部分でも、すべてが早稲田中心に回っているようなところがありました。自らそう願っていたわけではないけれども、やはりすべてが宿命だったと考えると辻褄が合ってしまうのが、怖いですね。

ふと考えることがあります。

「俺、なんで2年も浪人したんだろう」と。すると、そこに石井さんが登場するのです。もし高校からストレートで早稲田に入っていたら、私は石井さんの薫陶《くんとう》を受けることができなかった。2年浪人したのは、石井さんと2年間一緒に過ごすための時間だったのだと考えると……野球の神様がそう仕向けてくれたのだと思うと、なんとも言えないものがあります。

早稲田大学に入学してから今に至るまで、突っ走ってきたというよりは、一連の流れに乗ってきたように感じています。早稲田大学野球部という全身全霊、頑張らなければいけない世界に自ら身を投じた。そうしたら予期せぬレギュラー練習抜擢という、夢のような話が舞い込んできたわけです。それはもう、がむしゃらにやるしかありません。

プロ野球に入ったら入ったで、今度は自分の腕一本で飯を食わなければいけないのですから、必死です。学生時代と違い、プロではクビもかかってきます。

とはいえ、好きな野球で飯を食うのは、毎日楽しかった。弱いチームで負けることは多くても、決して苦しくはありませんでした。

## ●早稲田に戻る

NPBで12年、MLBで1年。37歳で日本に戻ってきたとき、私は現役続行を希望していましたがNPBからのオファーはなく、1年間、浪人生活を送ることになりました。

「まだ引退はしませんが、ユニフォームを着られないので評論家をします」

石井さんを訪ねて報告すると、石井さんはこんなふうに私の背中を押してくれました。

「日米のプロ野球を経験していることは、君の強み。君のような人間が早稲田に帰ってくるといいんだよな。そのためにも、もう一回勉強したほうがいいな」

私がアメリカから帰国した2003年、人間科学部からスポーツ科学部が独立。「06年には早稲田大学大学院スポーツ科学研究科が誕生する」という話が耳に入ってきました。そこで大学院を受験し、院生として勉強しようと考え始めた04年、千葉ロッテマリーンズにボビー・バレンタイン監督が復帰。私もまた、千葉ロッテのユニフォームを着ることになりました。それからしばらくは現役選手をしながら研究室に籍を置き、試合のない月曜日、所沢の研究室で科目等履修生として勉強させてもらいました。

05年10月22日。大学院の受験日はなんと、千葉ロッテと阪神の日本シリーズ初戦と重なってしまいました。自分が変わらず強運だなと思ったのは、この年、日本シリーズがデーゲームからナイトゲームに変更されたこと。所沢で午前中筆記試験を受け、午後の早い時間に面接をしてもらって、なんとか千葉マリンスタジアムのナイトゲームに間に合いました。

結果、私は日本一と大学院合格の両方を手にすることができたのです。

大学院での学びは、野球に直結したものというより、野球以外の競技特性や研究者たちの姿勢を見て学ぶところが多かったと思います。私が選手として経験してきたことのほうが、実験等で検証する内容より実学として幅広い感は正直、ありました。

ただ、研究者のものの考え方や研究の進め方は非常に興味深かった。私たちからすれば些細なことに興味を持ち、先行研究を調査し、何度も検証実験を重ねていく。その過程で、当たり前とされることに対しても「いや、違うんじゃないか」と疑問を持ち、そこから多くの気づきを得る。私自身、学生時代は「授業なんか、ちゃんちゃらおかしい」と斜に構えたような学生だったので、「本当に〝勉強する〟とはこういうことなんだ」と学んだ、貴重な時間になりました。

スポーツ選手も、常に「なぜ？」と疑問を持ち、自分で考える習慣がなければ決して成長できません。ただ監督やコーチに言われたことをこなしているだけの選手は、おそらく伸びないでしょう。というのも、そうした選手は教える人のコピーにすぎない。教える人を超えることができないのですから。

あのとき、石井さんが私に研究室での勉強を勧めたのは、何かを学ばせるためではなかったと思います。要は、「早稲田に帰るための準備をせよ」という意味だったのではないか。プロ野球界の人間になった私を、今一度早稲田に原点回帰させる。そうすることで、OBの皆さんにも「小宮山は早稲田の人間なんだ」と納得していただく、その一つの材料にしたかったのではないかと私は思うのです。

## ●早稲田大学野球部が危うい

09年、私はプロ野球界を引退し、評論家になりました。そのタイミングで「母校の指導をしてもらえないか」と打診され、「フルタイムではできないので、仕事の合間を縫う形でよければ」という条件で投手コーチをお引き受けしました。

東伏見のグラウンドに行って、驚きました。早稲田大学野球部は私たちが育った時代、環境とは別の組織になっていたのです。見ていて、いかにも危うい。これは大変だなと思いました。

専任コーチで毎日顔を出すのであれば、学生に毒づくこともできたでしょう。しかし、私の仕事はピッチャーの技術指導。野球部全体にあれこれ言う立場にはありません。それでも一度だけ、学生にカミナリを落としました。あればかりはもう、許せなかった。

伝説の『早慶6連戦』を戦ったOBで、国鉄などプロ野球でも活躍なさった徳武定祐さんが当時、特別コーチとしてバッティングを見ていらっしゃいました。メンバーが徳武さんとバッティング練習をしている間、メンバー外の選手たちは外野で守備練習兼球拾いを行います。私はブルペンでピッチャーを見ているので、バッティング練習の音だけを聞いていました。

そのうちピタッと打球音が止まったので、どうしたのかなと思ってグラウンドを見ると、徳武さんがメンバーを集めた輪の中で手取り足取り、熱心に打撃指導をしています。その間、外野にいた上級生たちは「打球が飛んでこないから」と外野にヒジを付き、横になって寝そべっているではありませんか。

越権行為だとは思いましたが、私は外野に飛び出して、こう叱りつけました。

「てめえら、ふざけんな！　お前らにはレギュラーになりたいという気持ちはないのか。本気でレギュラー練習に入って、神宮の舞台に立って、という気持ちがあるんだったら、あの輪のそばまで行って、メンバーが徳武さんにどんなことを教えてもらっているのか、聞き耳立てて自分のものにしようと思うのが当たり前だろう。お前らみたいにそんなところで寝そべっているヤツらが、神宮のグラウンドに立てるわけがない。今すぐ辞めろ、帰れ！」

練習中だろうが練習後だろうが、グラウンドに寝そべるなんて、私たちが学生のころはあり得なかった。今、早稲田はそんなことが起こり得る状況なんだ。とんでもないことになってしまった、と私は思いました。

なぜ、こんな事態になってしまったのか。どこでどうなったのか、私には分かりません。私が03年、アメリカから帰国後の1年間、野村徹監督に「グラウンドへ手伝いに来い」と言われて顔を出していたころは、違いました。緊張感漂う中での練習を、私のほうが感心して見ていたほどでした。もちろん野村さんのあとの各監督も、厳しく指導はしていたはずです。どこかで学生たちが勘違いしてしまったのだろう。私はそう考えています。

## ●稲門倶楽部会長直々の指名

早稲田大学野球部には、『稲門倶楽部』というOB会があります。会長をはじめとする役員のほか、卒業年ごとに学年幹事がいて、会を運営しています。

私はプロに在籍していたとき、学年幹事に任命されたのですが、やはり現役中はなかなか幹事としての業務を行うことが難しかった。同期の仲間にいったん幹事を託して引退後、バトンを引き継ぎました。そのとき稲門倶楽部の会議にできる限り出席し、積極的に発言していたことなどから、今度は会の副会長を仰せつかりました。

100年超の歴史を持つ野球部も、すでに平成卒が半数を超えていました。私は平成2年卒にあたるため、「若手の中心になって平成世代をまとめてほしい」と望月博会長。副会長になれば当然、ますます稲門倶楽部の会合に参加する回数も増えていきます。

そんな中、私は会長から今度は野球部監督として指名を受けたのです。

前監督の髙橋広さんは就任1年目の15年、春秋連覇し、夏の全日本大学選手権優勝、秋の神宮大会準優勝と、輝かしい成績を収めました。しかし17年秋、東大とタイの最下位に終わったことを受け、後任探しが始まっていました。

後任監督の使命は、低迷している野球部を立て直すこと。何人か候補が挙がる中、会長が私を後任にと一本化し、白羽の矢を立てたと聞きました。

会長に「やれ」と言われれば、お断りする理由はありません。

プロ野球引退時、石井さんから「将来、早稲田に帰ってこい」と言われたときは、それがどういう意味なのか、正直ピンと来ていませんでした。というのも、当時はプロ野球OBが監督になるなど、考えられない時代だったから。しかし、あのときの石井さんの言葉が「監督として戻ってこい」という意味だったのだとすれば、望月会長からの「お前が早稲田の野球部を立て直せ」という指名は、もはや運命なのだろうなと思いました。

## ●監督として譲れないこと

稲門倶楽部がなぜ私に白羽の矢を当てたか。それは私が早稲田大学野球部を、「正しい早稲田の姿に戻す」ために適任だと考えたから。「正しい早稲田の姿」とは『学生野球の父』であり、早稲田大学野球部初代監督でもある飛田穂洲先生が提唱した『一球入魂』の精神を継承することです。

決して「昔はよかった」「昔に戻そう」という気持ちはありません。ただ、断じて譲れない部分はある。それが野球部生みの親で初代部長・安部磯雄先生の教えであり、飛田先生の教えでもあります。

安部先生の唱えた建部精神『知識は学問から、人格はスポーツから』、そして飛田先生の『一球入魂』は、常にわれわれ早稲田大学野球部の根底にあるべきものです。それが昨今、ないがしろになっているきらいがある。そこを正したい、ということです。「勝つ」だけなら、運さえあればなんとでもなる。しかし「立て直す」となると——性根の腐ったものを元の姿に戻すとなると、これは容易なことではありません。

髙橋監督時代、5位タイ（最下位）になった事態を受け、野球部は社会人野球のENEOSから佐藤孝治助監督を招いていました。3年の約束で出向してきていたため、私が新監督に就いた時点で残り2年。佐藤さんにはそのまま任期満了まで残っていただくことになりました。実は私の義兄がENEOSにおり、佐藤助監督と親しい間柄にあった。その縁で佐藤さんの助監督就任時、私が野球部についていくつかレクチャーしたという過去がありました。今度は私のほうが学生たちとの正式な顔合わせ前、佐藤助監督に「今、チームはどうなっているか」話を聞き、意見のすり合わせを行いました。

年明けの1月5日、私が練習で「初カミナリを落とした」とあちこちのメディアで報道されました。あんなものは、全くカミナリのうちに入りません。「必死になって走っているときにヘラヘラ笑っていて、実になるものがあると思っているのか」と注意しただけ。ごく正論です。

練習で一生懸命やり抜いたあと、達成したあとに安どの表情を浮かべたり、笑顔を見せたりするのは大いに結構。しかし練習のさなか、キャッキャ、キャッキャと奇声を上げているのは、遊んでいるようにしか見えません。遊びでやっているなら、それはもはや練習ではない。止めてしまえ、ということですね。

東伏見グラウンドでの練習も神宮での試合も、早稲田大学の野球部員にとって、すべては『鍛錬』です。楽しく野球をしたければ、他の学校へ行けばいいのです。

**●人格はスポーツから**

「俺がここに来たのは、勝つチームを作るためじゃない。早稲田大学野球部の本来あるべき姿を君たちに教えるために来たんだ」

18年11月、初顔合わせでそう言ったとき、学生たちはきょとんとしていました。「この人は、何を言っているんだろう」と言わんばかりの表情です。しかし逆に言えば、私のほうがいろいろな意味で「ええっ⁉」と思うようなことが、彼らの中でまかり通っていたのです。

門限破りが横行しているとか寮の整理整頓がなっていないとか、規律が乱れているといったことではありません。規律の部分でいえば、「規律が保たれている〝ふり〟をしている」というのが、私の感じた状態でした。

野球部や寮内には守るべきルールがある。そうした当たり前のことは、当たり前に理解しているのです。それなのに〝当たり前のこと〟ができていない。あるいは「俺一人ぐらい」と思ってしまうのでしょうか。「俺一人」が許されるなら、ルールがルールではなくなってしまいます。

一番分かりやすい例でいうと、寮内で上履きと土足の区別がしっかりできていないところがある。寮の玄関はオートロックになっていて、外部から来客があったときは土間に下り、ドアの横にあるボタンを押してドアを開けます。当然、そのボタンを押すためには外履きに履き替えなければならないのですが、そこを横着して上履きのまま土間に出てドアを開け、平然と室内に上がってしまう。

最初見たときは、「履き替え用のサンダルが置かれていないから、上履きのまま出てしまうのだろう」と解釈し、マネージャーにサンダルを用意させました。ところがそれさえ使わず、また上履きで出てしまう。彼らにしたら、「ほんのちょっとなのに、何がいけないんですか？」と思っているのです。

室内練習場とグラウンドを行き来するときも、上履きと外履きの区別がいい加減な学生がいます。「犬や猫ならまだしも、いい歳をした大学生が、人としてそんなこともできないようじゃ終わりだぞ」とまず、言いました。言い続けてなお、きちんとできない学生もいます。

私たちからすれば、上履きと外履きをきちんと履き替えるのが、当たり前の感覚。しかし、その感覚を持ち合わせていない学生が一定数存在するから厄介なのです。そこを「おかしい」と思っていない時点で、社会に出たとき通用しないでしょう。

なぜ私に叱られたのか、なぜ咎められたのか。こちらが理由を説明するまでもなく、自分で考えなければいけません。大学生はもう、立派な大人です。それなのに、「なんでこれがダメなの？」程度で片づけていることに、私は余計腹を立てるのです。自分の常識と世の中の常識が乖離していることに気がついていないから、そういう主張をする。「ちょっとぐらい、いいじゃん」ではない、「これの何がいけないんだ」というわけです。そこが「世の中に出て通用しないよ」と言って説明するのですが、見ていると「世の中に出るって何？」ぐらいにしか思っていないようです。

早稲田大学野球部初代部長・安部磯雄先生の名言に『知識は学問から、人格はスポーツから』があります。後半の『人格はスポーツから』。これは「正しい考え方の人間はルールを守る」という意味だと私は捉えています。

常識が常識と分かるようになったら、あとは何も言うことはありません。野球に関しては、本人がうまくなりたければ、うまくなろうと努力するでしょう。それをつまらないことで妨げないよう、私は注意して見ているのです。

2018年９月６日、早稲田大学野球部の次期監督に19年１月１日付で就任することを記者会見した著者（右は川口浩野球部部長）。「引き受ける理由の一番は恩返し。一球入魂という思いを強く持てるか」と母校での指揮に抱負を語った

同11月の顔合わせの際、ミーティングで選手たちに厳しい視線を送る著者

## ●6つの部訓

早稲田大学野球部には、「野球部愛」「練習常善」「部員親和」「品位尊重」「質素剛健」「他人迷惑無用」と、6つの部訓があります。

野球部に代々伝わるものですが、実は年代によって順番が変わっています。戦後間もなく、おそらくシベリア抑留から帰国したころの石井藤吉郎さん（50年春首位打者、のちに第10代監督として5度のリーグ優勝）が中心にいる写真の背景に移り込んでいた部訓は、今と順番が違いました。

いつ順番が変わったのか、どれが正解かは分からないけれども、私も今の順番で教わってきました。学生たちにも、なぜ最初に「野球部愛」が来ているのか、そういったところも含めてそれぞれ意味を理解するよう、話をしています。

なぜ「野球部愛」が一番目にあるのか。これはすべてにおいて、「早稲田大学野球部のために」という思いを持て、ということ。

「練習常善」は、「その状況において、もっともいい練習をしなさい」。何をもって練習というのかも、大切です。グラウンドにおけることだけが、練習ではありません。

「質素剛健」は「質実剛健」と同じ意味ですね。日本男児たるもの、飾り気なく真面目で強く、逞しくあれといったところでしょうか。今のご時世では、なかなか通用しない話になってきてしまいましたが。

「品位尊重」は早稲田大学野球部員として、外部から見ても「さすが早稲田は違うな」と言われるに値する品位を持つ。これは部訓として言われるまでもなく、常日ごろから意識してほしいと思っています。

「部員親和」は部員同士、お互いを敬って仲よくしようということで、「野球部愛」の中に含まれている部分でもあります。

「他人迷惑無用」は言葉どおりで、野球部員としてはこれに尽きると思います。

今は入学時、マネージャーが意味を説明していますが、私たちのころは先輩に「これを見て覚えろ」と言われただけでした。確かその後も、そらんじて上級生の前で唱えさせられていたように記憶しています。

ただ、石井連藏さんはこの部訓を持ち出してどうこう、話をすることはありませんでした。実は部訓の順番の件も含め、野球部史に謎は多いんですよ。そもそも早稲田大学野球部に部訓はなかったけれども、言葉としてきちんとしたものを残しておこうということになった。それで、ある時代の先輩たちが言葉を持ち寄ったらこうなった、という部訓誕生譚も聞いています。

早稲田大学の野球は『一球入魂』。これが120年の長い歴史と伝統の中でも、決して動かぬものであることだけは間違いありません。

### ●差別はしないが区別はする

練習のタイムスケジュール、メニューなどは基本、学生に作らせます。しかし、私が見て、「ここはそうじゃないだろう」という箇所は直します。

最も大きな部分は、「効率化を図る＝無駄を省く」ということです。効率化を図るのがすべていいことか悪いことか、これは分かりません。それでも明らかに無駄な時間を費やすのは避けなければいけないと考えています。

一つ例を挙げるなら、バッティング練習。このとき「ただ打っている」だけでは、時間の無駄です。野球の試合は「ピッチャーが投げ、バッターが打ち、打球を処理してアウトにする」のが一つの流れ。その打球を処理している時間が、どこかに行ってしまっている。「打つ」練習と同時に、守ったり走ったりするのが効率的です。

授業優先の限られた練習時間の中、われわれ指導者側が目指すものをすべてやろうとしても、到底収まり切らないでしょう。就任後、春休みまではチーム練習に加え、個々でレベルアップを目指したトレーニングを各自行うよう、指示しました。

春休みになると、1日の時間の振り分けが始まります。部員全員が同じ練習をすることはできません。差別はしないけれども、区別はしなければならない。これは私が恩師・石井さんに教わったことです。差別はするな。しかし区別をしないと、組織は駄目になる。

この〝区別〟は前年試合に出た、出ないにかかわらず、11月から私の目で見て線を引いていきました。学生コーチにも意見を聞きました。そうして割り振りをしながら、彼らが一軍に推した選手に対し、「この選手はこういう理由で下に置く」、あるいは二軍に置いた選手を「この選手は一軍に置いて使う」と説明して、理解させました。学生たちと私とでは、見方が違う。彼らにしてみたら、「え？　なんで？」と感じることも多々あったと思います。

私が選手を選ぶ基準は、チームとして必要な選手かどうか。線引きの根拠は、能力です。チームには編成上、骨格になる部分が必ずあります。そこは必要不可欠な選手が入ります。あとは、それ以外のメンバー構成をどうするか。チームを作るのに必要な選手、という位置づけで能力を比較し、可能性を考えながら残りのメンバーを埋めていきます。

振り分け後、「なぜ僕は駄目だったんですか?」と、私に食って掛かる選手がいなかったのは残念でした。それがなかったということは、本人も「まあ、そうなんだろうな」と納得したのでしょう。

中には当然、「惜しくも落ちた」選手がいるわけです。では「惜しい」と思われたのは、どの部分か。果たしてそこに、本人が気づいているのかどうか。

通常、リーグ戦前は安部球場（東京・東伏見）を離れてキャンプを行い、オープン戦を重ねて本番への準備をしていきます。途中、選手の入れ替えも行います。そうしてリーグ戦を戦うメンバーを作り上げていくわけです。

19年、春季キャンプに連れていくメンバー40人を選んだときのことです。

4年生にとって就職活動が大切なのは、私も理解しています。しかし、就職活動を引きずったままキャンプに来てもらっては困ります。なんとかキャンプに行きたいからと、就職活動の状況を隠して参加する。いざキャンプ地・沖縄に行ってみたら、「面接があるので帰ります」と言うわけです。東京に帰って面接を受け、沖縄に戻ってきたかと思ったらその3日後、「通ったので、また行きます」。そうして2往復した強者もいました。これには私も驚きました。

確かに学生野球は、プロとは違う。それでもシーズン前のキャンプが、その程度の認識なのか、と私は思います。さすがに2年経った21年には（結局、新型コロナ感染症の影響でキャンプは中止になりましたが）、「キャンプの時期、就活で試験や面接が重なって行ったり来たりするような可能性のある選手は、来なくていい」「就活に集中して、それが終わってから野球に打ち込めばいいから」とあらかじめ話すようにしました。

## ●早川の才能

投手陣に関しては、監督就任が発表される直前の秋のシーズンを見ながら、「誰に投げさせるか」考えていました。春季キャンプが始まる前から、ある程度は自分の頭の中で柱を決めておき、リーグ戦に向けて調整させていきます。19年は早川隆久（現東北楽天）と西垣雅矢が中心に投げました。早川には18年11月の時点で、「土曜、月曜は先発。日曜もリリーフで行ってもらう可能性がある。それがエースの仕事だ」と伝えました。加えて、「お前は2年間、フルで投げさせるから」とも言いました。

私は早川の木更津総合高校時代、U-18アジア選手権壮行試合（対大学代表）での彼の投げっぷりを見て、「こんな子が早稲田に入るのか。楽しみだな」と思っていました。そのときはまさか2年後、自分が早稲田の監督になるなんて、想像もしていませんでしたが。果たして自分が監督になったとき、「そういえば、早川は何をやっているんだろう」と思って見ていたら、どうもくすぶっているようだった。そこでちょっとお尻を叩いてみたわけです。

早川には、フォームの問題点がありました。そこを直す作業から始まりました。早川の凄さは、私に言われたことをきちんと自分の中で理解し、「こうすればいいのかな」といろいろ試しながら、短期間でフォームを修正してきた点です。

その年の12月、大学日本代表合宿（愛媛県松山市）に参加した早川を見たNPBのスカウトに、「見違えるようだった。いったい何をしたんだ?」と聞かれました。

「いや、こっちは何もしていませんよ」と私は答えました。

実際、私は早川の体の使い方が間違っていることを指摘し、正しいやり方を説明しただけ。まず言葉で違いを説明し、次に映像を見せました。

「お前が劣っているのはここだ。優れたピッチャーは同じ部分がこうなっている。これが決定的な違いだよ」

早川は自分を俯瞰で見ることができているな、と私は感じていました。なぜなら私もどちらかといえば、同じタイプだったから。これは、一つの能力だと思っています。持って生まれた才能の一部。しかし同じ能力を持ち合わせていても、自分の体で再現できるようになるまで努力を続ける根気があるかないかで、結果は変わってくるのです。

西垣については、同学年の徳山壮磨がいたため、リーグ戦直前まで先発登板を明言しませんでした。徳山は1年春の早慶戦での大活躍と引き換えに肩を痛め、秋のシーズンを棒に振りました。そして、再びマウンドに戻ってきたのが、この2年の春。しかし、無理をさせては元も子もありません。

「春は1イニング限定で使うから、我慢しろ。よほどのことがない限り、イニングをまたがせることもしない。春はそうやってマウンドで投げられる状況を作って、夏にかけてイニングを伸ばしていき、秋から先発に復帰しよう」と徳山には具体的なプランを提示し、納得してもらいました。そのうえで、西垣を先発に回したわけです。

徳山は「4年後、プロに行きたい」という強い意志を持って、早稲田に入学した選手でした。六大学野球の選手名鑑で、「将来の目標」に「プロ野球選手」と書く選手は大勢います。そこで重要なのは、どこまで本気か否か。さらに言ってしまえば、「夢見てんじゃねえよ」と教えるのも、大人の仕事だと思っています。客観的な評価で「この選手はプロのレベルでできる」という選手に関しては、「そのままプロを目指しなさい」と言って、背中を押してやります。

## ●稲門倶楽部の応援

私が監督に就任した19年は、OBの徳武さんに引き続き、バッティングを見てもらっていました。徳武さんは早稲田の大先輩ではありますが、最終的にメンバーを決めるのは、監督である私。ですから、徳武さんに打撃コーチ目線で「アイツはいいよ」と言われながら、却下することもありました。

打線の組み方は、アマチュアもプロも同じだと思っています。つまり、打線をどう組むことで、相手に最もプレッシャーを掛けられるか。それをどのパートから決めていくか、ということですね。基本的には軸となる四番バッターを据えて、そこから周りを決めていきます。

1年目は加藤雅樹という四番バッターがいましたから、彼を中心にラインアップを組んでいきました。徳武さんと意見が食い違ったのは、レギュラー以外のところでいかに25人を編成するかの部分でした。

徳武さんは野手だから、どうしても打つほうを厚めにしたい。ベンチ入りするピッチャーの数によっては、野手が削られてしまうわけですからね。しかし私の目から見ると、19年のチームはそこまで得点力がありません。なんとか凌いで、凌いで、という形を取らなければならないのだから、投手を1人、2人厚めにしておきたかった。そうすると野手の枠が減るわけで、どちらの可能性が高いのか、ということになってきます。

野手出身の徳武さんは守備固め、代走要員として「アイツを入れたいんだけどな」と選手名を挙げてくださいましたが、「申し訳ないけれども出す場所がないので……」とベンチから外したときもありました。

神宮はもちろん、東伏見のグラウンドにも、稲門倶楽部の諸先輩がたが練習を見学にいらっしゃいます。安部球場のバックネット裏の一角は、特別何も書かれていませんが、稲門倶楽部の専用席となっています。

石井さんはOBをどんどんグラウンドに入れるかたでした。私も同じ考え方なので、喜んでお迎えしています。打撃コーチを務めてくださった徳武さんは伝統の『早慶6連戦』を戦った張本人ですし、少しでも早稲田大学野球部の歴史や伝統を勉強している学生なら、〝稲門倶楽部席〟にどんなOBがいらしているか、気になるでしょう。そうした方々と言葉を交わし、野球部の源流に触れる機会も、できるだけ多くの学生に持ってほしいと思っています。

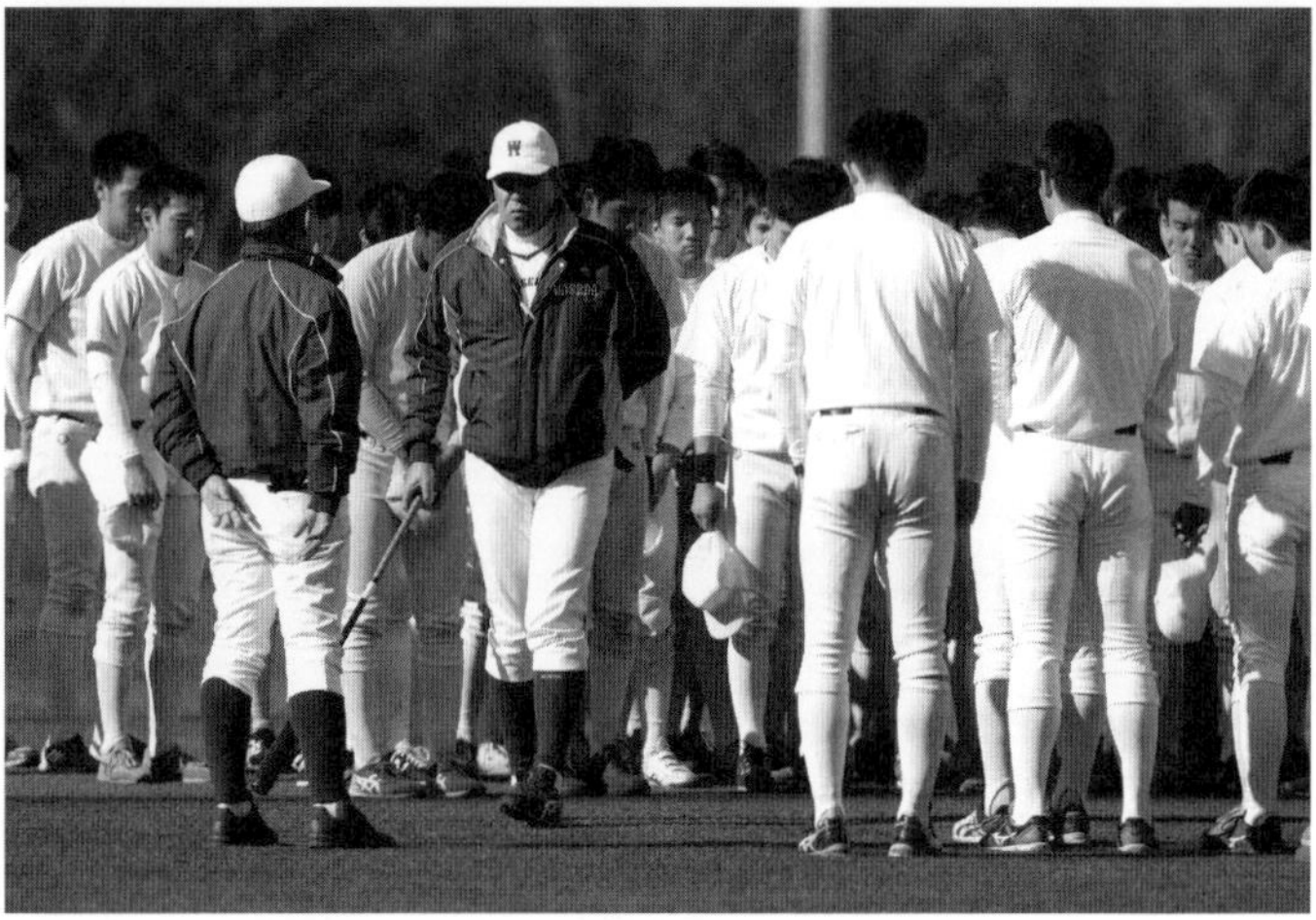

2019年1月、小宮山新監督の下、本格的に始動した早稲田大学野球部

# 第3章　ルーキー監督の闘い

## ●ベストナインを辞退しろ

私は早稲田大学野球部監督になった以上、学生を頭のてっぺんからつま先まで、〝早稲田カラー〟に染めなければいけないと思っています。

ありがたいことに稲門倶楽部の諸先輩がたが、野球部のなんたるかについて折につけレクチャーしてくれますから、学生たちは4年間で徐々に早稲田カラーになじんでいきます。OBのレクチャーは私の就任前から、ここ数年定期的に行われるようになりました。本当なら――先輩がたからすれば、「なんでそんなことをいちいち教えなければならないんだ？」というような――早稲田大学野球部員なら知っていて当然のことを話して聞かせているのです。しかし、今はそれが〝当たり前〟ではなくなってしまったんですね。

私が早稲田の学生になったのは今から35年前のことですが、実は当時でさえ、「何がなんでも早稲田」と思っていた私と、そうでない同期の連中の間には、温度差がありました。「どうして早稲田に来たの？」と聞くと、「（高校の）監督が行けと言ったから」という選手が、すでに何人もいたのです。「なんとなく早稲田に来て、なんとなく神宮で」という選手と、「何がなんでも早稲田で、早慶戦の舞台に立ちたい」と思って入学してきた選手とでは当然、早慶戦への思いも違うでしょう。

さて監督就任最初のシーズンとなった19年春のリーグ戦は、6勝4敗、勝ち点3で早慶戦を迎えることになりました。前カードの法大2回戦前、すでに優勝の可能性は消滅していましたが、「慶應に勝ち、勝ち点4で春を終えること」が大詰めの目標です。

その早慶戦、初戦は一番・瀧澤虎太朗が4回、同点に追いつく本盗、8回には決勝本塁打と大活躍で、3対2の勝利。ところが2回戦はチームで6安打を打ちながら、わずか1得点しかできず1対5の敗戦、3回戦に至っては3安打で完封負けと、いかにも腑抜けな戦いぶりで勝ち点を落としてしまいました。

早慶戦後、早稲田から4人が春のリーグ戦ベストナインに選ばれたと発表がありました。私は真剣に、「お前ら辞退しろ」と彼らに詰め寄りました。ベストナインの投票は早慶3回戦の試合中に締め切られるため、3回戦は評価の対象外になっています。システム上仕方ないとはいえ、打撃陣がチーム3安打と、全くもって機能せずに負けを喫した試合の直後です。その中心選手たちが、「どの面下げて、ベストナインをもらうんだ」と言いたくもなるでしょう。

## ●涙の意味は……

野球部の1年の流れは、監督就任前にある程度つかんでいました。しかし、19年春のリーグ戦後は名古屋でオール早慶戦があったり、韓国遠征があったりと、少しイレギュラーな日程で、バタついた感はありました。

海外とはいえ、韓国までは2、3時間のフライト。私はプロ野球時代に海外も含めた移動をいろいろ経験していましたから、特別感じるところはありませんでしたが、学生にしてみれば結構大変なスケジュールだったかもしれません。

19年春のベストナイン4人という結果を受け私自身、秋はある程度いけると踏んでいました。まさか開幕から3試合連続シャットアウト負けを食らうとは。「もうこれ以上どん底に落ちることはないな」と思いましたね。

一番・瀧澤をケガで欠いたシーズン。改めて、大学野球はケガ人が出たら駄目なんだと痛感しました。リードオフマンがいないだけで、あれほど打線がもろくなるのです。

当時3年生だった瀧澤は春、外野でベストナインを受賞。早慶戦では本盗に決勝ホームランと誰もなし得なかったことをやってのけ、私もそのときは「瀧澤だけが収穫だった」

と絶賛しました。しかし意気揚々と臨んだ秋のリーグ戦前、肉離れで離脱してしまったのです。開幕カードの法大戦に2試合連続完封負けを喫し、2週空いてもまだ状態がよくならない。次の明大1回戦も零封され、2戦目に負けると早くも優勝がなくなるという事態になりました。

明大1回戦に負けて寮に帰ると、瀧澤が監督室にやってきました。

「次の試合に出してください」

「お前、バットを振れるのか？　バットを振れないヤツを試合に出せるわけないじゃないか」

すると瀧澤は顔をクシャクシャにして泣きながら、「4年生に申し訳ないんです」と言うのです。その気持ちは買ってあげなくてはいけないと思いました。しかし、彼の言葉にちょっとした思い上がりを感じ、気になりました。

そこで私はこう言って、彼を叱りつけました。

「お前、何か勘違いしてるんじゃないのか。自分が試合に出たらチームが勝てるような言い方じゃないか。本当にチームを勝たせることができる選手は、そもそもケガなんかしないんだ」

本人なりに一生懸命なのは、分かっています。4年生はじめチームに対する気持ちも汲んでやりたい。

だから、続けてこう言いました。

「じゃあ明日、ベンチに入れてやる。もし大事なところで代打のチャンスがあったら――といってもピッチャーの打席でしかないだろうけれども、そこでお前にひと振りだけチャンスをやる。その一振りが空振りだったり、ファウルだったりしたら、すぐ代えるからな」

結局その試合、代打のチャンスは訪れませんでした。

もしかすると瀧澤自身には、私が感じたような思い上がった気持ちはこれっぽっちもなかったかもしれません。しかし、私に「調子に乗るなよ」と言われ、少なからずハッとした面はあったと思います。

私はあのとき監督室で瀧澤の言葉を聞いて、「ああ、コイツは最上級生になったらきっとやるだろうな」と確信しました。期待どおり、4年生になったときには三番バッターとして、副将としてチームを牽引してくれました。

## ●宿敵の歴史的快挙を阻止

19年秋のシーズンに話を戻すと、開幕から3連続完封負けに始まり、4カード目の立大2回戦を終えたところで優勝の可能性は消滅。もはや早慶戦は「慶應の全勝優勝と完全優勝を阻止する」ことが最大の使命になりました。

慶應が10戦全勝すれば、91年ぶりの快挙。早慶戦前から、散々その数字を聞かされていました。初戦、1対7で負けたあと、学生には再度ハッパを掛けました。

「とにかく全勝優勝は阻止しよう。1勝1敗に持ち越して、われわれが3戦目に勝てば、あれだけ騒がれていた91年ぶりの全勝優勝が、勝ち点4の、ただの優勝になる。そうすればわれわれも少しは慶應に対して意地を見せられるだろう」

その2回戦では、リーグ戦全勝してきた相手に対し、2年生の徳山が踏ん張ってくれました。打線も奮起し、いい形で勝つことができた。「仮に3戦目に負けて完全優勝されても、1つ土を付けただけでも思い出になればいいだろう」と私は内心思いました。

それが3回戦にサヨナラ勝ちで、完全優勝も阻止。この年の4年生たちは優勝を知らずに卒業することになってしまいましたが、「宿敵・慶應の歴史的な全勝優勝を阻止した」肩書き付きの代になりました。

この代の主将が四番・加藤雅樹です。

19年春はリーグ2位の打率・396でベストナイン（外野手部門）に輝いた加藤でしたが、秋はピタッと快音が止まってしまいました。

加藤はリーグ戦前、プロ志望届を提出していました。それからというもの、加藤はマウンド上のピッチャーでなくバックネット裏のプロのスカウトと闘っていました。ホームランを打ちたくてしょうがないのか、力み返って、ついには開幕から12打数無安打。ますます打てそうな雰囲気がなくなっていきます。

加藤だけでなく、志望届を出した4人全員が、スカウト陣と勝負していたように見受けられました。

これは余談ですが、私は学生がプロ志望届を提出する今のシステムはいかがなものかと思っています。プロ側が本当にその学生を欲しいときは、学生が「社会人に進みます」と言っていても指名します。逆にいえば、「僕はプロに行きたいんです」と意思表明した時点で、学生が自らを安売りしているようなものですよ。

それはともかく加藤の話に戻ると、彼をなんとかしなくてはと思った私は、マスコミを使って「加藤を四番から外す」と匂わせました。そのうえで明大2回戦の試合前、加藤に「お前と心中する」と言ったのです。「どんなに〝打てない、打てない〟と言われても、四番を外すつもりはないから」と。それで吹っ切れてくれたのでしょうか。その試合で、加藤はリーグ戦初ヒット。チームも6点を奪い、6対2で秋の初白星を挙げました。

しかし、ああいうときは何もかも悪いほう、悪いほうへいくものですね。あのころは、チーム全体が打撃不振に陥っていました。打撃陣の責任を加藤がすべて一人で背負い込んだ部分もあったと思います。

ただ厳しいことを言わせてもらえば、加藤もずっとリーグ戦で成績を残してきた選手。それが、ああも簡単に崩れてしまうようでは、結局まだ本当の技術は身についていなかったということでしょう。

## ●コツコツやればなんとかなる

その秋、頑張ってくれた4年生が2人いました。ピッチャーの野口陸良と外野手の田口喜将。彼らは私の中で監督初年度のMVPであり、1年生監督としての誇りです。

田口は髙橋前監督時代、代打の切り札としてメンバーに入っていました。しかし送球に難があるとされ、シートノックには入っていませんでした。私は稲門倶楽部の副会長としてスタンドから試合を見ていたとき、田口のスイングに目を留めていました。代打で出てきても、頼もしい雰囲気がありました。

そこで監督就任後の浦添キャンプで、「スローイングが普通にできたら、4打席やる」と約束しました。スタメンで試合に使う、ということです。しかし、やはり送球がなかなか思うようになりません。それでも田口は毎日スローイングの練習を続け、ある程度の形までもってくることができました。試しにオープン戦で一度スタメンを与えたところ、エラーもせずソツなく守備をこなしました。それで自信がついたのでしょう。間もなく守備も人並みにできるようになりました。

秋のシーズン、瀧澤がケガをして外れたので代わりに田口を使ったら、本当に頑張ってくれました。チームからただ一人、ベストナインまで獲ったのですから大したものです。こちらが浦添キャンプの約束を守ったら、しっかり結果を出してくれた。

早慶戦後、納会の席で全部員を前にして、「田口は起爆剤になって打線を立て直し、最後までよく引っ張ってくれた。コツコツやったらなんとかなるということを、身をもって証明してくれた」と田口に礼を言いました。そんな田口を見て、ほかの連中も「よし、俺も」と思ったでしょう。ベストナインはできすぎにしても、心からよかったなと言えます。

## ●「うまくなりたい」気持ちで抜擢

一方、野口は積極的にバッティングピッチャーを買って出ては、黙々と投げ続けていました。走る、投げるといった毎日の練習にも、「うまくなりたい」気持ちがにじみ出ていました。誰よりも一生懸命、練習に取り組んでいた。そんな彼の努力を見て、1人多くピッチャーをベンチに入れ、東大戦に投げさせることにしました。野口はある程度の水準には達したピッチャーでしたから、大崩れすることはないと予想していたのです。

ただ、初めてのリーグ戦登板。もう少し緊張してフワフワした感じになるんじゃないかと思っていたら、とんでもない。自信満々、マウンドで投げている姿を見て、「これはひょっとしたら十分戦力として計算できるかもしれない」と思いました。

次の立大戦でもリリーフに出したところ、1イニング完璧に抑えたので、「もう1イニング行くか?」と聞きました。ちょうどその時点で首位打者だった、四番・山田健太に打順が回る回でした。すると野口はニコッと笑い、「いや、もう結構です」と言う。「首位打者相手に投げられるんだぞ。チャンスだぞ」と私がけしかけても、「いや、もうこれで止めておきます」。

まあ、素直な子だなあと思いました。

2試合打たれていないので、早慶戦にもベンチ入り。3戦目、先発の今西拓弥が早い回に降板し、小刻みな継投になりました。そこで登場したのが野口です。彼の3イニング無失点という踏ん張りがあったからこそ、最終的にサヨナラ勝ちができたようなもの。秋の野口は、心から「よくやってくれた」といえる働きぶりでした。

納会では先の田口と並び、この野口を全員の前で絶賛しました。

「大事なところで、しっかりアウトを取ってくれた。普段練習している成果がそのまま出たと思う。お前たちのおかげで今季、３位になれた。ありがとう」

メンバー外だった野口が抜擢されたとき、何人もの選手が「なんで俺じゃなく野口さんなんだ」と考えたはずです。そしておそらく、「いや、野口さんは俺よりよく走っていたな」「野口さんは毎日ブルペンに入って、一生懸命投げていたな」と思い当たったことでしょう。だから監督に抜擢された。なおかつ、それだけの努力を積んでいたから、相手を抑えることができた。

そういう姿を監督は見ているんだと、ほかの選手たちも改めて感じてくれたのではないでしょうか。

### ●１年生を使うとき

19年春のリーグ戦で、１年生の中川卓也を開幕から「六番・一塁」に抜擢しました。

中川は大阪桐蔭高校出身。前年夏の選手権で全国制覇を果たしたあとの、キャプテンとして彼が「やり切った」姿を見て、「これだけ責任感のあるヤツだったら、（大学の）4年間で相当な選手になるだろうな」と感じました。

私が監督に就任したときはもう早稲田入学が決まっており、「ああ、あの子か」と期待していました。

練習に参加するや、レギュラーとして恥ずかしくないバッティングを見せてくれました。それが1年の春からラインアップに名を連ねた理由です。神宮の試合ではなかなか結果が出ませんでしたが、東伏見での練習時は変わらずいいバッティングをしていました。試合でヒットは出なくても、そこは野球センスの塊。バッティング以外はソツないプレーで、一塁を守り続けました。

神宮のスタンドから辛らつなヤジが聞こえ、本人も相当堪えていたとは思います。

「今は余計なことを考えずに、ボールを見てしっかり引っぱたけ」

「責任は俺が取るから、心配するな」

私も実際スタンドのヤジを耳にしたので、中川にはそんなふうに言っておきました。思えば私の千葉ロッテ時代の恩師・バレンタイン監督も、常に「責任は俺が取る」と言っていました。だからトライしろ、と。「使った俺が悪いんだから」と言って、背中を押してくれました。その言葉を選手がどう感じるか次第のところはありましたけれどもね。

話を中川に戻すと、彼は秋のシーズンも、もがき苦しみました。リーグ戦の最中、私は中川とこんな会話をしています。

「お前、野球をやってきて、こんなに打てなかったことはないだろう？」

「はい」

「そうか。お前、いくつのときから野球をやってるんだ？」

「5歳です」

「え？　5歳でもうチームに入ってやってたの？　じゃあなんだかんだ言って、13年もやってるんだ。もうそろそろ、飽きるころじゃねえか？」

本人は必死なので、なんとかしてやりたいと思いました。

打てなくなる原因は、分かっているのです。答えはもう、教えてある。あとは中川自身がそれを理解したうえで改善、克服しようとするかどうかです。

彼にもこれまで全国区で勝負してきたプライドがあります。おそらく今まで自分がやってきたことが、大学に来て通用しないわけはないと思っていたでしょう。しかし実際、リーグ戦で結果が出ていない。今は練習あるのみです。

## ●初球を打ってはいけない？

監督初年度を振り返ると、学生たちは私のやり方に戸惑いがあったと思います。その戸惑いがどんなふうに表れるのか、特に最初の春は彼らを観察しながら過ごしました。

その春は、『積極的』という言葉が全く浸透しないまま終わってしまいました。私の考える『積極的』とは、失敗を恐れずトライすること。ところが学生たちは、まだまだ「失敗したくない」気持ちが大きすぎました。彼らがそれを拭い切れなかったとすれば、私の指導がなっていなかったということです。

監督とは「失敗してもいいよ」と言いながら内心、やはり成功を求めているのです。私はいつも選手に、「当たり前のことを当たり前にやれ」「できないことは要求していない」と口酸っぱく言っています。

「ということは、監督に〝やれ〟と指示されたことは、できなければいけないんだな」と、彼らは思う。それで守りに入ってしまいます。「失敗したくない」気持ちをぬぐい切れず、いまだ苦しんでいるようです。

私が元プロ野球選手だから、どこか萎縮しているところがあるのでしょうか。そこは逆に、「お前らよりも死ぬほど野球にかかわっているぶん、ちょっとやそっとのことじゃ驚かないから大丈夫だ」と話しているんですけどね。監督の前で、何か格好よくプレーしたいと思っているのでしょうか。

彼らは「失敗すると、監督に怒られるんじゃないか」と心配しているのかもしれませんが、私は失敗を怒ったことはありません。ただ「何をもって失敗とするのか」という話はしています。それなのに、〝10回のうち3回成功すれば褒められるバッティング〟で、残りの7回を怒られるんじゃないかとまだ思っている節がある。「(監督に)怒られるんじゃないか、怒られるんじゃないか」と思ってやっているから、いつもバタバタ、結局は失敗するのです。

就任して3年目のシーズンを迎えようというのに、そこはいまだ変わりません。例えば初球、甘い球を平気で見逃す。これはバックネット裏で見ている方々からも、「待て」のサインを出しているのではないかと指摘されています。それほど初球を見逃すのです。「初球は絶対に打たない」という〝まじない〟にでもかかっているのでしょうか。私は初球から積極的に打てるよう仕向けているつもりですが、彼らがそれに反応してこないので、今後どうやって、その〝まじない〟を消すか、ですね。

海外の選手は一般的に、日本人に比べて三振を恐れないと言われています。その根底にあるのは、「俺は打席で3回チャンスをもらっているんだから」というスタンス。だから初球からガンガン、積極的にスイングができる。その点、日本人の選手は「ボール球に手を出したら叱られる」と、どこか考えている節があります。

海外の選手はボール球だろうがなんだろうが、「自分が打てる」と思ったら、バットを振ってきます。それに対して指導者側も「ダメ」とは言えません。むしろ「よいスイングだった」などと、褒めるのです。ところが日本では、いいスイングだろうがなんだろうが、ワンバウンドをするような球を振ったら、「そんなの打てるわけねえじゃないか！」と言って、叱られがちです。

なぜ積極性に欠けるのか。初球から打てないのか。なんとかそこを正そうと策を講じているんだけれども、直らない。これはだいぶ時間がかかるかな、と覚悟しています。

20年から来てもらっているコーチの齋藤慎太郎と鈴木浩文は、私が大学4年生のときの3年生と1年生。だから、われわれが現役当時のことをやいのやいの話しながら、選手を見てもらっています。今の2年生には、新人練習のときから「とにかく振れ」とキツく言って徹底させているので、2年後、彼らが最上級生になったとき、こうした姿勢が変わっていれば「しめしめ」というところですね。

### ●自分の将来は自分で決めろ

監督は当然、今のチームをなんとかするための策を考えています。しかし、同時進行で2、3年後のチームをイメージしなければなりません。〝今〟を闘いながら、「来年のチームはどうか」「この代が最上級生になったときにはどうなるか」を考えるのです。

先々のチームを考えれば、選手に「経験を積ませる」ことも必要です。ただ、そこが微妙な問題でもあるのです。限られた試合の、限られた経験を誰にさせるか。申し訳ないけれども、これは部員全員、平等に与えるわけにはいきません。そこは〝区別〟しなければならないところです。

従って、選手は普段から「その経験を積ませてもらえるかもしれない」という位置にいなければなりません。自分が最上級生になったとき、神宮のグラウンドに立っている状態をイメージしながら普段の練習をしている選手。神宮を全くイメージせずに漠然と練習している選手。そこには大きな差があると思います。

こちらから見ても、その差はある程度、分かります。「コイツはちょっと上を目指しているな」「欲があるな」と感じる選手が実際にいます。逆に、「もったいないな」と思う選手も大勢います。「もうちょっと欲張って、もうちょっとなんとかしようという気持ちを前面に出してやれば面白いのにな」と思いながら見ていますよ。

ただ、「もったいないな」と思っても、その選手に私からああしろ、こうしろと指示を出すことはありません。自分の将来は自分で決めるもの。私は選手に求められれば、いくらでもアドバイスをします。チームにとって必要だと判断したときは、求められなくてもアドバイスします。それは〝アドバイス〟より〝オーダー(命令)〟に近い。強制力のあるオーダーが発令されたら、それはチームの一大事ということです。

# 第4章　「勝っちゃった」優勝

## ●緊急事態宣言

2020年。世界は新型コロナウイルスの感染拡大により、危機に直面しました。大学生も授業に、部活動に、大きな影響を受けました。

われわれ早稲田大学野球部では、2月末から予定されていた春の沖縄キャンプを中止。私とマネージャーで2月27日、沖縄に飛び、関係各所に詫びを入れて回りました。

当初はコロナ下の部活について細かいルールもまだ決まっておらず、「3月中はある程度の制限がかかるものの、グラウンドで練習をしていい」ということで、練習スケジュールを組みました。それも毎日ではなく、分散練習です。

レギュラー組25人が1グループ、それからレギュラー外の選手をA～Dまでの4グループに分け、レギュラーが午前中練習をしたら午後A班が練習。翌日BとC、翌々日レギュラーとD、その次の日はAとB、レギュラー……といった具合に、レギュラーは1日置きの練習時間を確保し、それ以外のグループはレギュラーより少し時間が少なくなる形を考えました。

3月25日が新入生の集合日で、新1年生も東伏見グラウンドに合流。ところがその2日後、大学から「緊急事態宣言に伴い活動自粛」との通達があり、グラウンドと室内練習場、トレーニングルームは使えなくなってしまいました。

早稲田大学野球部では、レギュラーメンバーがグラウンド近くの安部寮で生活しています。寮を封鎖し一旦解散した学校もあったようですが、そこは川口浩部長が大学側と交渉をして、解散の事態は避けることができました。寮は学生が生活している場所ですし、オンライン授業が始まる方向でしたので、その環境を確保できたことはよかったと思います。まだ寮に入っていなかった選手を急きょ寮に入れ、寮内で自主トレーニングをすることになりました。

とにかく寮をうまく活用しなければなりません。グラウンドからネットとボールを持ってきて、そのネットに向かってボールを投げる。ジムからランニングマシンを借りてきて、講堂に置く。柔らかいスポンジボールを使って室内で打撃練習をするため、蛍光灯に当たらないようネットを張る。そのほか屋上で素振りしたり、中庭でボールを投げたり。ランニングは寮の前の坂道を上り、グラウンドそばの川の周りをグルグル走る。何をするにしても少人数で時間をずらしながら、うまく割り振って練習できるよう、早川主将と学生コーチの杉浦啓斗中心に学生たちで考えていきました。

寮外の選手には自宅で練習するよう、指示を与えました。各自、自宅の環境が違いますから、できることには限界があります。ボールを投げることもままならないでしょうが、「布団に向かってボールを投げれば、ある程度肩の筋肉を衰えさせずにキープできるぞ」とアドバイスしておきました。

## ●8月の春季リーグ開催へ

5月頭、構内立ち入り禁止が解除され、そのタイミングで寮生だけグラウンドでの練習を再開しました。それでも依然3名以内、2時間未満というルールがありました。野手のバッティング練習は3人1組を作って、打ちっぱなしです。2時間の中でウォーミングアップ、バッティング、ボール拾い。朝の9時から5時までの間、2時間区切りで授業との兼ね合いを計ってメンバリングし、グラウンドで打ち込みました。

ピッチャーもピッチング練習をしたいと言うので、週に1日程度ブルペンに入る時間を作り、2時間の中で投げました。本来走って、投げてがピッチャーの練習ですが、受け手が限られるため、「投げて」の部分が十分にはできない。そこで走って体力をつけることが中心になりました。

2度の延期後、東京六大学野球春季リーグ戦の8月開催がアナウンスされました。他大学リーグが軒並み中止になっている中、六大学だけ試合ができる。これは選手にとって、相当なモチベーションになったと思います。

ただ、開催方式が1試合総当たりの勝率制。平時同様に天皇杯を下賜されているものの、本来のリーグ戦とは趣旨が違います。この5試合に関しては勝った、負けたも重要だけれども、それよりこのコロナ禍の中、無事に終えることが何よりだと考えました。

早慶戦も通常とは違い、大会期間なかほどの日程に収まりました。両校OBの先輩がたからは異議が出るかもしれませんが、まずリーグ戦を開催することが優先。そこは慶應の堀井哲也監督とも考えが一致しました。

## ●自分でコントロールできること

次に考えなければいけなかったのは、寮生以外の選手たちを練習に戻す時期です。

寮生以外は自宅でどんな練習をしているか把握できていませんでしたから、「3月末、活動自粛を命じられる前の状態に体調を戻すには、どのくらいの期間が必要か」アンケートを取りました。「1日あれば十分です」と言う選手から「2週間欲しい」と言う選手まで、答えはバラバラでした。そこで最長の2週間を、各自でコンディショニングする自主練習期間として与えました。その間はグラウンドに来て、それぞれが学生コーチの指示のもと、全体練習再開に向けて調整を行う。2週間後を野球部の活動再開と位置づけました。

レギュラー組にとって幸いだったのは、3月の活動自粛前にある程度オープン戦をこなしていたことでした。私もそのオープン戦を参考に、「今季はこんな感じかな」という全体像を、おぼろげでも自分の中で作り上げました。

目指す輪郭はできていましたが、多々アクシデントもありました。副主将の吉澤一翔が骨折したり、早川が左ヒジの状態があまりよくないと申し出たり……。2年生の蛭間拓哉も手首を痛め、バットを振れない時期が1カ月ほどありました。そうしたところで計算が狂ったものの、リーグ戦が8月までずれこんだことで、彼らが回復してくれたのはありがたかったですね。

先が見えない時期もありましたが、早稲田だけがそうだったわけでなく、すべての学校が同じ状況にあったので、仕方ない。こればかりはこちらでコントロールのできないこと。リーグや学校の決めた方針に従わざるを得ないわけですから、あまり深くは考えないようにしていました。選手に話したとおり、自分がコントロールできるところをしっかりやる。「できることをやろう」と私自身、思っていました。

## ●大阪からの電話

20年春季リーグ戦。結果から言うとわれわれは3勝2敗の勝率6割で、立大と同率3位に終わりました。

コロナ禍での選手たちの過ごし方が、この結果に影響したと私は考えています。初めは人数や時間に制限がありながらも、ゴールデンウイーク明けからグラウンドで練習ができた。世の中が自粛、自粛という状況だったにも関わらず、「俺たちは練習ができる」と、どこか「野球を楽しむ」ところが前面に出てしまっていたのではないか。私には、学生たちの気持ちが少し浮わついているようにも感じられました。

5試合目、最終試合となる東大戦後、寮に戻って4年生を集合させました。そして、こっぴどく叱りつけました。3勝2敗で、1つ勝ち越していることを考えれば、「よく頑張った」と言えるかもしれません。しかし、できるはずのことができない。ミスがミスを呼んで……というだらしない試合をする。さらには試合前、ふざけて練習をしているように見えたこともありました。あんな態度で試合前練習をしては、勝てる試合も勝てません。

できることができない。これについては、助監督も「かなり考え方を変えなければいけないと思った」と口にしていました。というのも、それにも関わらず、選手は「(監督の)戦術戦略について疑問を抱いた」と言って、助監督に相談していたのです。

リーグ戦が終わったあと、選手にはっきり言いました。

「俺は野球で長年飯を食っている中で得た多くの選択肢の中から考え、この状況ではこうしたほうがいいと思って、作戦を立てている。文句を言う前に、当たり前にできることをできるようになれ」

なぜこのリーグ戦に負けたのか。お前ら4年生がこういう状態だったから、こんな体たらくだ。あと1カ月もしたら、秋のリーグ戦が始まるというのに、このままでは秋なんかとても勝てないぞ、と滾々《こんこん》と言って聞かせたのです。

「覚悟を決めろ」と私は言いました。

「本気でリーグ戦に勝ちたいという思いがあるのなら、春のような試合をしていて勝てるわけがないぞ」と。

私としては、学生たちが春の5試合を戦うために準備をしている様子を見て、彼らにすべてを任せていて十分な準備はできない。ある程度はこちらでコントロールしなければいけないと、腹をくくっていました。学生にどう思われても構わない。稲門倶楽部の先輩がたからチームを任され、2年目の秋を迎えようとしている時期です。先輩がたに「なんだ、あの試合は」とお叱りを受けないような試合をしなくてはいけない。とにかく彼らをなんとかしてやりたい、と思いました。

そんなときリーグ戦後に私の発した、いわゆる〝敗戦の将〟のコメントが面白おかしく報道されてしまったのです。

「寮に戻ったら選手を叱りつけ、徹底的にしごく。目の色を変えて練習するよう、鬼になる」と。その「鬼になる」の文字を見て、大阪の野村徹さん（第16代監督）からすぐ電話が入りました。

そして、「何をたわけたことを言っているんだ。『学生主体』が早稲田の野球。学生が自分たちで考え、責任を持って取り組む機会を奪うな」と、お叱りを受けました。

「お前が前面に出て、どうする。〝OBとして学生のお手伝いに来ている〟という気持ちがなければダメだぞ」

私は私で野村さんにそう、滾々《こん》と諭されたのです。

## ●チームのために

あくる日、主将の早川筆頭に副主将、主務、学生コーチを呼びました。そこで野村さんとのやりとりをそのまま、学生たちに伝えました。

「大阪の野村さんが俺のコメントを見て、心配して電話をくれた。そして、〝もっと学生を信用してやれ〟と怒られた。〝お前に足りないのはそこだ〟と。もう一度、お前ら学生の考えているとおりにやりなさい。お前らが責任を持ってやるのであれば、ある程度の裁量も預ける」

ただし、と私は付け加えました。

「黙ってすべてを任せるわけにはいかない。おかしなことがあれば、その都度苦言は呈する。われわれが学んできた早稲田大学野球部の姿とかけ離れるようなことがあれば、野村さんがなんと言おうと俺は現場を預かる最高責任者として、そこに介入する」

4年生の幹部たちは、その言葉を真摯に受け止めてくれました。すぐ4年生を集めてミーティングし、「チームのために、自分たちがなんとかしよう」と意見を出し合って動き出した。これは秋のリーグ戦を控えたタイミングとしても、ピッタリだったと思います。私が〝カミナリ〟を落としたあとの9月頭、太い何かが1本、部内に出来上がったような気がしました。危機感が募り、よい緊張感が出てきたのです。

それでも敢えて言うなら、「チームのために」と思う気持ちがあったのであれば、もっと早く行動に移してほしかった。彼らは3年間、一生懸命頑張ってきたけれども、思うような結果は出ませんでした。そこで初めて「最後の1年はチームのために」となった。これまで〝自分のため〟に使ってきたエネルギーを、もっと早く〝チームのため〟に使ってくれていたら、チームはより一層よくなっていたはずです。

しかし春3勝2敗。この2敗はタイブレークだったので、もしこれが秋と同じ9回引き分けのレギュレーションであれば、結果は3勝2分けでした。秋は7勝3分け。1年を通し9イニングだったら、一度も負けていなかった。早川たちの代は、そこは立派だったと思います。

## ●背負った看板の重さ

さて時間を20年秋の早慶戦前に戻しましょう。

優勝が見えてきたのは3カード目、東大戦の終わったあとでした。

「次の立大戦に勝てば、早慶戦で自力優勝を決められる」

そんな話をしたら、立大戦で打線がピタッと止まってしまいました。2戦とも6安打で1得点ずつ。打線が全く機能しませんでした。これには、私も反省しました。立大戦に勝ってから、「自力で優勝を決められるぞ」と言えばよかったのに、ひとつ前のカードで「ここを越えれば」と言ってしまった。余計なことを言ってプレッシャーをかけすぎたのは、指揮官として反省すべき点です。

もし立大戦に負けていたら、責任問題になるところでした。しかし、なんとか1勝1分で乗り越えてくれたおかげで、本当に優勝のかかる早慶戦になった。そこはこちらの思い描いたとおりのシナリオになったわけで、「しめしめ」といったところです。

人は自分の思うようにならなかったとき、他人を頼る気持ちが強くなります。「俺が、俺が」という気持ちがあまりにも強いのも困りものですが、やはり常に平常心で打席に立ち、普段できていることはどんな試合でも同じようにできなければなりません。

もちろん勝敗についてくる結果の大きさが、普段とはケタ外れに大きいことが、背景にはありました。優勝すれば、早稲田大学野球部史において、永遠に語り継がれる。ましてや5年ぶり――10シーズン優勝から遠ざかっていたところで優勝を飾れば、「低迷していたチームを勝たせた代」として部史に名を残すわけです。

野球部には早稲田大学のシンボルとしての位置づけがあります。

学生には、「早稲田大学野球部の一員として背負った看板の重さを理解できるかどうかが重要だ」と言っています。卒業後、われわれは『早稲田OB』じゃない、『早稲田大学野球部のOB』になるんだ、と。

プロ野球の現役時代、私は遠征で全国各地を訪れました。そのとき、あちこちで「私も稲門なんですよ」という方にお会いしました。そこで「先輩、何年卒ですか？」と聞くと、「阪神の岡田（彰布＝第69代主将）と同期です」といったように、野球部OBの名前が真っ先に挙がるのです。

私はラグビー部の清宮克幸（早稲田大学ラグビー蹴球部元監督）と同期の平成2年卒ですが、やはりこの前後卒業のOB、OGは「小宮山の同期です」「小宮山の1級上（下）です」が基準になる。清宮なんか学生時代、大学選手権に優勝しているのに、野球部がパッと出てくるのです。近い年代で言えば、『ハンカチ王子』こと斎藤佑樹（現北海道日本ハム）。この前後も「斎藤と同期（上／下）です」と言われるでしょう。

岡田彰布さんの同期はすごいですよ。元首相の野田佳彦さん、マラソンの瀬古利彦さん（1981年ボストンマラソン優勝、86年ロンドンマラソン優勝他）、サッカー元日本代表監督の岡田武史さん、レスリングの太田章さん（84年ロサンゼルス五輪、88年ソウル五輪で共に銀メダル）と、とんでもない豪華メンバーがそろっている。だけど中心は岡田彰布さんなんです。「野球部はそれぐらいシンボリックで、その看板は重いんだぞ。だから恥ずかしくないような学生生活を送りなさい」と学生たちにはいつも話しています。

## ●初戦を早川で勝つ

この優勝によって、おそらく早川も〝伝説の人〟として語り継がれる。同級生は当然「早川の代」と言うだろうし、1つ上の代は、「早川の1級上」と言うでしょう。翌21年春のリーグ戦で丸山壮史主将の世代がもし連覇を果たしていれば、「早川、丸山で連覇した丸山の代です」と言われたかもしれません。野球部は、とにかく早稲田の卒業生の基準として見られているのだから、負けると10年、20年経ったとき、「俺たちの時代の野球部は弱かった」という話でくくられてしまう。しかし勝てばその分、相応に語り継がれるのです。

早川の代はそれまで一度も優勝経験がなかったから、「早稲田の基準になる」という話をあまり実感をもってとらえていなかったかもしれません。

基本的には「早慶戦に勝つ」ことが最優先事項として、学生には刷り込まれています。

1年生のころから嫌というほど言われて4年間過ごしているわけですから、さすがにどんな感性の持ち主でも「早慶戦は特別なのだ」と理解しているでしょう。

20年の秋は、たまたまその重要な試合に、優勝もかかわってきました。これは今まで経験したことのない大舞台になる。そういう意味でのプレッシャーのかかり方は、尋常なものではなかったと思います。仮に21年のチームが優勝争いをするようなことになった場合、今度は優勝のかかった早慶戦をすでに経験しているだけに、未経験でそれを迎えた早川の代とはまた違った受け止め方になるでしょう。早川の代以上に、相当なプレッシャーがかかるはずです。

私は、早川の代のメンバーなら「勝てる」と思っていました。だから夏に勝てなかったことには余計、腸が煮えくり返っていたのです。秋のリーグ戦が始まるまでの練習では、敗因となった箇所を練習で一つひとつ、潰していきました。そこさえ潰せば、必ず勝てると考えていました。

星勘定でいうと、東大戦には2つ勝つ。他の4大学に対して1勝1分けの8ポイントで優勝、というシナリオです。それもすべて「初戦、早川で勝つ」は自明のことでした。延長戦がなく、2試合目も9イニングでいいわけですから、継投策にしても代打策にしても、ラクに計算しておけます。想定外のことが起きても、なんとかカバーできるだろうと思いながら、試合を進めていくことができました。

## ●早慶2回戦の〝秘策〟

20年11月7日、迎えた早慶戦。首位の慶應が7ポイント、2位の早稲田が6・5ポイント。初戦は早川で取ることが前提です。初戦を取れば早稲田が首位に立ち、勝ちか引き分けで優勝になる。一方、慶應は2回戦に勝たなければ優勝がなくなるわけですから、半歩前進です。

仮に2回戦を負けたとしても、優勝争いであわやというところまでいったのだから、これで先輩がたからお叱りを受けることもないだろう。そう思って私自身、「勝たなければいけない」というプレッシャーを自分にかけないようにしました。仮に負けても、「よくやった」と言ってくださるOBも、中にはいるだろう。もちろん「あそこまでいって、なんで勝てないんだ」という厳しい声は覚悟のうえです。

そんなことにまで頭を巡らせながら、2回戦をどう戦うか、何パターンもシミュレーションしました。〝秘策〟とまではいかずとも、ずっと私の中で温めていた作戦をとるかとらないか。そこは学生を呼んで意見交換し、彼らを納得させました。それが4年生・今西拓弥の先発です。

博打を打ったように映ったかもしれません。しかし、私としてはち密な計算のもと、今西先発を決めています。今西が多少不安定なピッチングをするのは、想定内です。とにかく今西に、最初のアウトを取りにいかせる。そこからいくつアウトを積み重ねるか。その間、何点失うか。2失点までは我慢しようと思いました。

ただし2失点、もしくは危うい状況になったら、すぐ西垣に継投すると西垣本人にも伝え、準備させていました。

## ●「あと1点」が遠い

今西はフラフラしながらも、2イニングを被安打2で0点に抑えてくれた。残り7イニング、アウト21個です。その21個を早川、柴田迅、徳山、西垣、山下拓馬で取ると考えれば、これはいける。2点以内に絶対抑えられるという計算がありました。

投手陣が2点以内に抑えるとすれば、3点取れば勝てる。ではどうやって3点を取るか。引き分けでも優勝ですから、最低2点でもいいのです。

だから3回、一死一塁から犠打で送り、瀧澤のタイムリーで先制した時点で、「あと1点」と計算をしていました。

3回裏、安易に打たれたヒットと、ミスも絡んで1対1の同点に追いつかれた。4回裏に追加点を取られ1対2にはなりましたが、この2点でなんとかしのげば大丈夫、と我慢の継投です。ところが打撃陣が一向に応えない。慶應の投手陣もよかったので、そこまで追加点は望めないと思っていました。しかし、それにしてもこちらの考えていたバッティングには程遠い状態でした。

打撃陣のほうが緊張してしまったのかどうかは、分かりません。ただ「あと1点取れば同点で優勝だ」と思うにつけ、どこかでプレッシャーがかかってしまったのでしょう。伸び伸びプレーしているふうには、感じられませんでした。

8回には慶應の7番手・木澤尚文に、二番からの好打順を6球でピシャリと抑えられてしまう始末。「う〜ん……」と思っていたらその裏、柴田が二死から二塁内野安打、高いバウンドでサードの頭を越える不運な左前安打、と立て続けに打たれ、嫌な流れになってしまいました。

既に1点のビハインド。三塁ランナーがホームに還って2点差がついたら、この試合は終わりだ、と思いました。柴田は依然、いい球を投げていました。しかし、申し訳ないけれども早川にスイッチする。そう決断しました。

## ●柴田──早川継投への思い

この継投には、私も思うところがありました。柴田は大学で野球を辞めることを決めていた。つまりこれが最後のマウンドですから、いい形でイニングを締め、みんなに迎えられる形でダグアウトに戻り、野球人生を終える──そんなふうに最後を飾らせてあげたかった。

でもこのまま続投させて、もし追加点を取られたら、柴田にとって野球生活最後のつらい思い出になってしまう。それでは可哀想だ。いろんなことを考えました。

早川には「ひょっとしたら7回から行くかもしれない」と伝えていました。ブルペンを見やると、早川はマウンドに上がる気満々で肩を作っています。ブルペンに向かって両手で丸を作り「大丈夫か？」とゼスチャーすると、その瞬間、彼のスイッチが入ったように見えました。それならここはもう、早川に任せよう。

交代を告げ、マウンドに上がった早川に、「とりあえず、ここだけしのげ」と言いました。結果はレフトフライでチェンジ。ピンチを脱しました。

しかし、これも紙一重でした。この回、二死一塁から柴田が打たれた当たりは、前述したように高いバウンドでサードの頭を越え、三塁側のブルペン近くまで行った打球でした。それを見て一塁ランナーは三塁まで走っています。

もし、あのとき一塁ランナーが無理をせず二塁で止まっていたら、二死一、二塁。この状況であれば、早川に交代したとき、二塁ランナーをホームで殺すためにレフトが前進守備を敷いていたはず。その場合、あのレフトフライはレフトの頭を越えていた可能性があるのです。

そう考えると、われわれにとっていいほうへ、いいほうへと試合が動いていたとしか思えません。早川の打ち取った当たりがレフトのグラブに収まったあと、「ひょっとしたら、点を取れるかもしれないな」と思いました。9回表の早稲田の攻撃が始まる前に、9回裏のことまで考えました。

（先頭の）丸山壮史が塁に出たら、どうするか。次打者の野村健太はバントが下手だから、バント要員として準備していた小西優喜を行かせるか——。

そこで、小西には「バントだけしにいくかもしれないぞ」と声を掛けておきました。

## ●ダグアウトの空気が変わった

しかし、そんな思惑とは裏腹に、五番・丸山、六番・野村が三振とレフトフライで2アウト。いよいよか、と思った矢先、七番の熊田任洋が初球をレフト前へ。その瞬間、そこまで「頼む！」という空気に満ちていたダグアウトから、「行ける！」という熱気が弾け出たのです。

これまで長いこと野球をやってきて、ダグアウトの中が「頼む！」という雰囲気になったチームが勝つなど、一度も見たことがありませんでした。プロ野球、しかも1点差で「なんとかなるかな」という状況でさえ、ダグアウトの雰囲気が「頼む！」となった中で逆転した試しはありません。ましてやあのとき、丸山が三振したあとのダグアウトの、どんよりとした空気ときたら……。瀧澤なんか、もう泣き出していましたからね。それが、熊田の1本のヒットで「ひょっとしたら」という空気に変わったのです。

そのときです。

慶應の堀井監督が、ツカツカツカッとダグアウトから出てきました。「(蛭間の)次は早川だから、蛭間との勝負を避けるのかな」と思いました。すると、堀井さんがマウンドの木澤からボールを受け取っている。ブルペンから生井惇己が走ってきたのを見て、私は蛭間を呼び寄せました。

あれが、この早慶戦一番のポイントだったと思います。

早慶戦前のミーティングで、蛭間は生井について、「たぶん左バッターは打てません」と発言していました。それは蛭間が春の早慶戦で生井と対戦し、見逃し三振に終わった、自分の経験からの感想でした。

左腕の生井は制球力のあるタイプではなく、左バッターは自分のほうへ向かってくる球に対して、恐怖を覚えます。スライダーが自分のほうに抜けてきたように見えて「あっ」と思った次の瞬間、ストライクゾーンに収まっている。内角の甘いところにスライダーが来たと思って振りにいくと、そのボールがベースの半分ぐらい向こう側へ逃げていくから、バットに当たらない。

「スライダーを投げられたら、ストライクかボール球かを見極めるのが難しいので、(打つのは)厳しいです」と蛭間は他の部員を前に、はっきり言いました。

その生井がまた、秋の早慶戦でマウンドに上がった。生井がマウンドで投球練習を始めたとき、私は蛭間を呼んで、「お前、どうするんだ?」と聞きました。すると蛭間は少し考えたあと、「外の真っすぐを狙って、踏み込んでいきます」と答えたのです。

## ●蛭間の涙と監督の涙

蛭間は前日のミーティングで、「スライダー(を打つのは)は無理」だと言っていました。本来であれば、私のほうが〝スライダーを消す〟ためのヒントを蛭間に与えなければならなかったはずです。そこで私は言葉の選択を間違い、「どうするんだ？」と尋ねてしまった。しかし、蛭間本人がきちんと自分のやるべきことを分かっていたので、そのまま打席に送り出しました。

次に私が考えるべきは蛭間の次、早川の打席をどうするか。蛭間が塁に出てランナー一、二塁、あるいはヒットで一、三塁になったとき、早川に代打を出して点を取りにいくかどうかです。

代打を出し、同点に追いついた場合、ブルペンに残っているのは2年生・原功征と1年生・加藤孝太郎の2人しかいませんでした。9回裏、慶應の攻撃を考えると、右の多い打線だから右の加藤で行こうか。でも1年生の加藤が万が一サヨナラ負けを食らったら、立ち直れなくなる。さあ、どうする。

ここはチャンスに、キャプテンと心中だ、と思いました。代打は出さない。そう腹を決めた瞬間の、蛭間の逆転2ランです。しかも初球、スライダー。私は思わずダグアウトを飛び出し、両手を広げて喜んでしまいました。

それまでは、自分でもビックリするぐらい落ち着いていたんです。なのに唯一あのときは――自分自身信じられず、「ウソだろう⁉」と思いました。ここまで書いたように、いろいろなシナリオを考えながら、「ここで逆転ホームランが出たら、すべて解決だな」と思った。それが現実になったのです。まさに奇跡が起きたようなもの。あの場面で一番の願い事が叶ってしまったので、もうこれからの人生、願い事は一切叶わないいんだろうなと思いましたね。

最初の明大戦に始まり、1勝1分で……と計算したとおりになったので、自分でも少し怖いぐらいでした。しかも、伝説の『早慶6連戦』から60周年。同じ秋の早慶戦で、早稲田、慶應が優勝争いをする。何もかも自分が口に出したとおりに進んだことには、畏怖に近い気持ちさえありました。

ライトスタンドへ挨拶に向かう途中、石井さんや先輩がたから受け継がれてきた『早慶6連戦』の話が頭をよぎりました。あれから60年。同じ秋の早慶戦で慶應を下し、早稲田が逆転優勝を果たす。これには石井さんも喜んでくださっているに違いないと思った瞬間、石井さんの顔が目の前にバンッと浮かび、目頭が熱くなりました。

そこでは涙をこらえたものの、そんな思いを経ての優勝監督インタビューだったものですから、ついに感極まってしまいました。石井さんとの思い出が、次々蘇ってきたのです。同年1月14日、野球殿堂入り（特別表彰）が決まった石井さん。野球殿堂博物館のスケジュールなど諸事情で春の表彰式となりましたが、できることなら、あの『早慶6連戦』からまさにちょうど60年となる、この秋に表彰式をして差し上げたかった。

当時慶應を率いた前田祐吉さんも同時受賞されましたから、『早慶6連戦』にかかわった諸先輩がたをお招きして、お2人のレリーフの前でみなさんを紹介し、何かイベントができれば最高でした。

コロナ禍が続いたため、早慶独自でセレモニーを……という案も見送られてしまいました。非常に残念ではありましたが、われわれにとっては、早慶戦のありがたみ——すなわちわれわれの存在意義を、改めて感じることができた2試合になりました。

20年11月８日のリーグ優勝のかかった慶大２回戦、劇的な逆転勝利で15年秋以来10季ぶりとなる46度目の優勝を決めた早大。試合後のインタビューでは感情をこらえきれなくなり、涙を見せた

早大の恒例の優勝パレードは、コロナ禍の影響で実施されなかった。代わりに優勝報告会がオンラインで中継され、中継後に選手によって胴上げされ宙を舞った著者

# 第5章　早慶6連戦

## ●私の『一球入魂』

早稲田大学野球部は創部1901（明治34）年。この本が出版される2021年で、ちょうど創部120年を迎えました。

初代監督は、『学生野球の父』と呼ばれた飛田穂洲先生。飛田先生の教えが、早稲田野球の王道であると私は考えています。その飛田先生の一番弟子が私の恩師・石井さんであり、石井さんは私たちに早稲田の野球を叩き込んでくださいました。

早稲田野球の歴史と伝統に脈々と流れるのは、ここまでも書いてきたように『一球入魂』の精神です。私にとって、早稲田野球の神髄とは、「この1球で命が取られるかもしれないという緊張感を持って、ボールを扱う」ことだと思っています。

『一球入魂』はそのぐらい、重みのある言葉です。

早稲田大学の歴史に関するものはすべて、グラウンドの更衣室2階の会議室に展示してあります。入り口には『早稲田大学野球部の歴史』『東京六大学野球優勝の軌跡』と2つのタイトルが掲げられ、部屋の壁一面に年表と写真がズラリと飾られています。部屋の奥には、歴代部長と監督の写真が整然と並んでいます。毎年新入生が入部すると、ここで部の歴史や習わしについてマネージャーが基本的な講義を行います。

安部寮の共有スペースには、早稲田大学野球部に関する書籍やムックなどが揃えられており、部員は誰でも手に取って読むことができます。私が浪人時代にむさぼり読んだ、飛田先生の『熱球三十年』や早稲田大学野球の創部記念ムック本も、何冊か置かれています。休日の電話当番を1年生が交代で行っていて、当番の間はそのスペースに待機しています。暇があれば、そこで本をパラパラめくって、読んでいるのではないでしょうか。

そうした書物が人数分あれば、〝課題図書〟にしてリポートでも書かせるのですが、さすがに部員140人超では冊数が足りません。

ただ、稲門倶楽部が新人選手に向け、『歴史と伝統の継承プログラム』と名付けたOBによるレクチャーの時間を作ってくれています。

《1901年、大橋武太郎、橋戸信らが中心となって部員を集め、安部磯雄体育部長の尽力で野球部がスタートした。翌年、東京専門学校から早稲田大学と改称され、早稲田に先駆けること1888年に野球部を創設していた慶應大学に挑戦状を送る。そして1903年11月22日、三田綱町のグラウンドで慶應大学と試合を行ったのが、早慶戦の始まりとな

った。試合は11対9で慶應が勝利を収めたが、新興チームとしては予想以上の善戦だった》

こうした早慶戦の始まりから説明していき、学生が「なるほど」と興味を持つよう、仕向けてくれています。そこから、さらに深堀りして調べていこうとする学生が、どの程度いるかは分かりません。こちらとしては1人でも2人でも、卒業論文につなげる学生がいればいいかな、という気持ちでいます。

私やコーチをはじめとするOBたちと接する時間が最も長いのは、マネージャーです。マネージャーには事あるごとに、早稲田大学の歴史について質問を浴びせかけています。答えられないときは「調べておけ」と言って、宿題にします。

前にも書きましたが、早稲田大学そのもののOB、OGたちの足跡に、野球部は大きくかかわっています。「私は鳥谷（敬＝現千葉ロッテ）と同期で……」といった具合に、野球部外のOB、OGの何気ない会話に野球部が登場するのです。野球部の位置づけがそうであるなら、部員はその責任をすでに背負わされているということです。早稲田大学における野球部のこの位置は、何があっても死守しなければならないと思っています。これは絶対、他部に持っていかれるわけにはいきません。

## ●100%は強化じゃない

1965（昭和40）年生まれの私の青年時代、若者は『新人類』と呼ばれました。従来なかったものの感じ方、考え方をする若者を、当時の中年世代以上の方々がそう呼んだのです。要は、当時の「今どきの（若い）子」ですね。

この「今どきの子」の質は、どんどん変わってきています。『新人類』世代だった私たちは、当時の大先輩たちから言わせると「ガキ」でした。現代の、「今どきの子」は、言葉はさらに悪くなりますが、「クソガキ」です。この差は大きい。

世の中がハラスメントに対して敏感になり、それを盾にした事件が昨今はいろいろ起きています。そこを学生たちがどう捉えているか、です。そんなところも含め、『新人類』のわれわれから見たら、彼らはもう『宇宙人』ですね。

私の学生時代の経験はもはや時代が違いすぎ、話したところでピンと来ないでしょう。そんな彼らにどう、早稲田大学野球部の精神を教えるか。

リーグ戦が終わり、授業優先の期間は一軍も二軍も新人も、全員が一緒に時間別練習に励みます。正直、レベルの差は如実に表れます。一番下のレベルにいる選手は、もちろんてっぺんを目指したいんだけれども「あそこまでたどり着けるわけはないな」と内心思いながら、なんとなく練習しています。

本来、一軍半ぐらいの選手がもっと目の色を変えてやらなければいけないところなのですが、彼らもやるべき練習をしていない。まだ基礎体力もなく、一軍の連中を脅かすレベルに到達していない層が、ですよ。すると一緒に練習をしているレギュラーまで、「まだまだコイツらには負けないな」と呑気にやってしまう。

レギュラーもそれ以外の選手も一緒くたに練習をするのは、私にとってはあまり好ましくないのですが、学生たちがこの形でやらせてくれと言うので、今は彼らの意見を尊重しています。

力の差がある選手が一緒になって練習をすると、アベレージができます。そのアベレージは当然、同じ力を持った選手だけで練習するより下になります。自分と同レベルの人間の中でしのぎを削らなければ、特に上位の力を持つ選手の技術力は上がりません。ですから選手たちには、「アベレージ以上になれ」と言っています。アベレージ以下になったとき、それはすなわちチームの足を引っ張っているということです。アベレージ以上になれれば、チームに迷惑をかけていない証拠になります。全員が同等にできるようにならないと、アベレージ以上にはなりません。

一軍半の選手の中には、基礎体力が不足している選手もいます。これには私も困りました。「え？　なんでそうなっちゃったの？」と思って確認すると、1、2年生の段階でそこを鍛えてきていないからなんですね。さらに言うと、「やってきたつもり」でいる。その「やっているつもり」が一番厄介なのです。要は、練習が終わってへたり込むほどヘトヘトになるまで、やり切ったことがない。

私は常々、「毎日の練習で〝強化をする〟とはどういうことか」学生たちに話をしてきました。100％の力でやっているうちは、〝調整〟にすぎません。100を超えなければ――。101やらなければ、いつになってもレベルは上がらない。そう説明しているのですが、いつ見ても101以上やっているようには思えません。

倒れるほどやれなければうまくならないと分かっているのに、倒れるほどやらないということは、つまり「やる気がない」のだと私は考えます。やる気のない選手には、こちらから何も言うことはないですね。

## ●本気でうまくなろうと思っているか

早稲田の練習は練習じゃない、〝鍛錬〟だ。私たちはそう教えられてきました。

実際のところ、言葉はどちらでもいいのです。要は「本気でうまくなろうと思っているか」なのです。

「はい、うまくなりたいと思っています」と答えても、私から見れば、それは口先だけ。練習を見ていて、その気持ちが全く伝わってこない。もちろん、人に言われなくても自ら101、102の力で強化練習をできる選手はいます。それは必ずしも卒業後、さらに上のレベルで野球を続ける選手ばかりではありません。そして、全員が「本気でうまくなりたい」と思い、101、102の力を出して練習しなければ、早稲田の躍進はないでしょう。

現福岡ソフトバンクホークスの和田毅は早稲田大学時代、球速もスタミナもグンと伸び、プロ入りをつかみました。私もトータルでは相当練習をしたほうだと自負していますが、和田の練習量は尋常ではありませんでした。和田が大学での短期間にこなした練習法を実際目にすると、もう私など逆立ちしても勝てないレベルです。後輩たちにとっては、非常にいいお手本だと思います。

しかし、仮に和田の例を出して話したとしても、『宇宙人』たちが「だって和田さん、プロで活躍するぐらいだもん」と思ってしまったらおしまいです。あるいは「そこまでやりたくねえな」と考えるかもしれない。特に後者の考え方をする選手には、私ははっきり言います。

「もう辞めちゃえ、お前」

監督として、適切な言葉ではないのは分かっています。でも時として、思わずそんな言葉が口を突いて出てしまうのです。

## ●『自律』のためには

私は早稲田大学野球部員に、『自律』を求めています。

「自らを律する」とは、どういうことか。どうすれば自律が得られるのか。答えは簡単、苦しいほうを選べばいい。「常に楽なほうを選んでいたら、ロクな人間になれないよ」と学生たちを諭しています。苦しいほうを選ぶ、余裕があるうちは大丈夫。楽なほうを選ぶのは、余裕がないからなんです。

苦しいほうを選んだとき、それを克服するために何をどうすればいいのか。自分自身を理解したうえで、正しい方法を選択できる人間になってほしいのです。

さらに言えば、「自分が今、（野球部の中で）どこにいるのか把握しなさい」と選手には伝えています。自分の一つ上のレベルにいるのは誰か。では、その選手を抜けば自分のランクが一つ上がる。そうやって〝ランクを上げる作業〟をずっとしていけば、気がついたときには自分がチームで一番の選手になっているでしょう。

「自分がこのチームで一番になる」――どうせ本気でやるなら、そこまで視界に入れて練習に励んでほしいと思います。

選手は自律を目指し、練習する。監督である私は、選手の細かなところまで常に観察し続ける。そして試合になったら勝つための最善の策を講じて、選手という駒を適材適所に動かす。全員が幸せになるためには、やはり試合に勝たなければなりません。

試合以外のところでは、ほぼ大半を占める仕事が「選手のやる気に火をつけること」。

選手には信じてもらえないかもしれないけれども、私は君たちを相当細かいところまで見ていますよ。

たまに「監督は俺のほうを一切見向きもしなかった」と言う選手がいますが、逆に私はこう言いたい。

「見てもらいたいんだったら、見てもらえるよう、こちらにエネルギーをぶつけてこいよ」

見る気にもならない、視界にも入ってこないような練習をしている選手が、何を言っているんだと私は思います。

## ●グラウンドから出ていけ

学生が主体となって練習する。それが早稲田大学野球部のやり方だ。監督が阻害してはいけない、と大先輩・野村さんに諫《いさ》められた話は前章に書きました。

なぜ私が学生に宣戦布告してまで、主導権を学生コーチからこちらに戻そうとしたか。

それは、彼らに「変わらなきゃ、結果は変わらないよ」と伝えているのに、変えようとしないためです。まだまだ甘い。「そんな甘っちょろいことをしていたら、勝てないよ」とずっと言い続けています。

学生同士だから、学生に対し甘くなる、というのでなく、それを学生コーチも選手も「甘い」と思っていないことが危ういのです。

「お前ら、なんのために練習をしているんだ？」

学生にはよく、そう投げかけます。神宮で相手チームに勝つために、日々東伏見のグラウンドで練習している。なのに、そんな取り組みの甘さで勝てるのか。結論から言うと、そういうことですね。一瞬たりとも隙を見せず、鍛錬する。そこに気の抜けたプレーは存在しない。それが早稲田の『一球入魂』なのです。

対戦相手に勝つには、相手よりうまくなればいい。相手よりうまくなるためには、どうしなければならないか。考えてみれば、分かるはずです。

私の大学時代、石井さんが土砂降りの雨の中、グラウンドに出て「もし今日、慶應が、明治がこの雨の中で練習していたらどうするんだ」と言った話は第1章に書きました。今になってみれば、あれは石井さんの本意ではなかったと思います。

当時、早稲田大学は低迷していました。弱いチームなのだから、とにかく必死になって練習しなければいけない。常にグラウンドで闘う精神を植え付けなければいけない。石井さんは、それがまずご自身の仕事、と思っていらしたはずです。恩師・飛田さんの想いである『一球入魂』を末端の部員にまで知らしめなければいけない。

その手段の一つが、あの土砂降りの日のノックだったと思うのです。

石井さんが監督になってからというもの、練習中は常に恐ろしいほどの緊張感がありました。石井さんの使命は、「たるんだ野球部を一本筋の通ったものにする」こと。そのために白いものを「黒」と言わせるぐらいの強引さで、われわれに『一球入魂』のこころを植えつけていきました。私たちがグラウンドで練習している様子を観察しながら、その場で「いい」「悪い」をどんどん指摘していったのです。

一番厳しかったのは「グラウンドから出ていけ」と言われることでした。

そんなふうに言われるのは、例えば外野の守備練習で、外野手が打球を追わないとき。その選手が追わない理由は、「走って行っても捕れないから」です。バッターが打った瞬間からファウルゾーンに飛ぶのが分かっていて、ネットに当たるような打球。「あんな球を追いかけたってしょうがないや」と思って、途中で走るのを止めてしまう。しかし、石井さんからしたら「なぜ追わない？」ということになるのです。

「出ていけ」と言われた選手はその瞬間、練習から外されて、来る日も来る日も直立不動でバックネット裏から練習を見ているしかなくなります。その選手の様子、変化を石井さんがどこかで観察していて、突然「グラウンドに戻れ」と言う。グラウンドに戻った選手が嬉々としてボールを追いかけるさまを見て、石井さんは言うわけです。

「そういう気持ちで毎日やらなきゃダメなんだ。その気持ちを忘れるなよ」

今、私も石井さんと同じ思いで、『一球入魂』の精神を選手たちに叩き込まなければいけないと日々、過ごしています。

## ●5試合564球の熱投

私たちのころの練習は、とんでもない緊張感がありました。しかし、それもまた、石井さんが若かりしころ――『早慶6連戦』の当時にさかのぼれば、足元にも及ばなかったと思います。

1958年、早稲田大学野球部第9代監督に就任したときの石井さんは、まだ25歳の若さでした。それまでの4シーズンでBクラス2度、というチームを立て直す切り札として抜擢されたのです。

石井さんは59年春、チームをついに6季ぶりの優勝へと導きます。

翌60年秋の東京六大学リーグ戦は、最終週の早慶戦で天皇杯が争われることになりました。早慶戦前の時点で、両者優勝の条件は下記の通りでした。

【早稲田優勝の場合】早慶戦に早稲田が連勝すれば、早慶とも勝ち点4となるが、早稲田は9勝3敗、勝率・750、慶應は8勝4敗、勝率・660となり、勝率で早稲田が慶應を上回るため、優勝。

【慶應優勝の場合】早慶戦で勝ち点を取れば、勝ち点5は慶應だけとなり優勝が決まる。

【早慶同率で優勝決定戦となる場合】早稲田が早慶戦に2勝1敗で勝った場合、早慶ともに勝ち点4、9勝4敗、勝率・692となる。

かくして伝説の『早慶6連戦』は始まったのです。

### 11月6日=1回戦

| | | | | |
|---|---|---|---|---|
| 早大 | 000 | 010 | 100 | 2 |
| 慶大 | 000 | 000 | 001 | 1 |

○勝利投手=安藤　●敗戦投手=清沢

［評］早稲田が5回、先頭の村上が歩き、二死後伊田も0-3となったところで慶応は清沢から角谷にスイッチ。伊田も歩いた二死一、二塁で、初めて二番にあがった末次が内角球をひきつけ三塁線を突破する二塁打して先取点。早稲田は7回二死からも伊田、末次が初球を狙い打って一、三塁のチャンスを作ると村瀬が右中間へタイムリー打して2点目。好調の安藤を打ちあぐんでいた慶応打線は9回裏にくいさがった。安藤が二塁左を抜いたのが初の無死の走者。一死後、渡海とのヒットエンドランがあざやかにきまって（一、二塁間）一、三塁としたあと大橋が中前へ打って1点差。小島の打球もライナーでぐんと伸びたが中堅の真正面。そのとき二塁走者・渡海が三塁へ走った。球は中—二—三と渡って三塁塁上で渡海、徳武の両主将が激突したが塁審の手は高々とあがってアウトを宣告した。（『早稲田大学野球部百年史／下巻』=2002年発行より）

### 11月7日=2回戦

| | | | | |
|---|---|---|---|---|
| 慶大 | 120 | 000 | 001 | 4 |
| 早大 | 001 | 000 | 000 | 1 |

○勝利投手=角谷　●敗戦投手=金沢

［評］慶応は1回、足を生かし無安打で先手をとった。一死後、四球出塁の榎本が二盗、三盗。三盗のとき野村捕手の送球がそれてホームへ。2回は長打が出た。小島が右中間に合わせると村木は右翼線へライナーの二塁打。田浦が歩いた無死満塁で代打・玉置の一ゴロが村上の野選となり、早稲田の金沢は気落ちしたのか一死満塁で安藤を無造作に歩かせ3点目。慶応の先発・三浦は1回だけで2回から角谷。早稲田は3回一死後、所が中堅左を抜く三塁打のあと金沢が右翼に打ちあげ1点を返したが、その後は角谷のドロップが打てない。慶応は9回、村木が左翼席へワンバウンドで入る三塁打のあと、意表をついた近藤のスリーバントスクイズで早稲田をふりきった。（『早稲田大学野球部百年史／下巻』より）

### 11月8日=3回戦

| | | | | |
|---|---|---|---|---|
| 早大 | 100 | 000 | 011 | 3 |
| 慶大 | 000 | 000 | 000 | 0 |

○勝ち投手=安藤　●敗戦投手=清沢

［評］早稲田の三番・石黒、五番・村瀬というオーダー変更が1回、早くも実った。死球のトップ伊田を末次が送ったあと初球を左前へつまりながら落として一、三塁。徳武は浅い中飛で伊田は強引にホームへ。中―遊―捕の返球はアウトにみえたが、伊田とぶつかった大橋捕手が落球した。早稲田の安藤は得意のシュートを生かして慶応打線を翻弄、打っても8回一死後、左中間をライナーで抜く二塁打で出て、慶応・安藤遊撃手の失策でホームイン。余勢を駆った早稲田は9回一死三塁で徳武が野村の遊ゴロでホームへ突入、大橋捕手は勢いに圧倒されたか顔を横に向けたためミットもボールもはねとばされて3点目。この走塁に興奮した渡海が徳武をつきとばして険悪な空気になったが慶応・前田監督の機転【※注】でおさまった。早稲田は“早慶戦男”安藤の力投で勝点をあげ、優勝決定戦にもちこんだ。早稲田が2勝1敗で勝点をあげた早慶戦の結果、早稲田、慶応ともに9勝4敗（早稲田には引き分けがある）、勝ち点4、勝率も.692とまったく同じで並んだため優勝決定戦を行うことになった。早慶両校で優勝決定戦を行うのは昭和14年秋以来21年ぶり、3度目のこと。（『早稲田大学野球部百年史 / 下巻』より）

【※注】前田監督が「大橋、お前のタッチの仕方が悪い。だから、ボールを落としたんだ」と言いながら、両軍選手の間に割って入った。

### 11月9日=4回戦［優勝決定1回戦］

| | | | | | |
|---|---|---|---|---|---|
| 早大 | 000 | 000 | 001 | 00 | 1 |
| 慶大 | 010 | 000 | 000 | 00 | 1 |

（延長11回日没）

［評］慶応は2回、渡海が高目の直球を中堅深く三塁打し大橋の左犠飛で1点を先取した。慶応・角谷投手のカーブに悩まされていた早稲田は“最後の攻撃”に入り、一死となってから鈴木悳を代打に起用、これが図に当った。鈴木悳は初球カーブをうまく右翼に打って土壇場で同点にもちこんだ。鈴木悳の一撃は早稲田にとって起死回生の貴重なものだった。（小川正太郎＝『早稲田大学野球部百年史／下巻』より）

【※追記：早稲田先発・安藤投手が11回完投】

**11月11日＝5回戦［優勝決定2回戦］**

| | | | | | |
|---|---|---|---|---|---|
| 早大 | 0 0 0 | 0 0 0 | 0 0 0 | 0 0 | 0 |
| 慶大 | 0 0 0 | 0 0 0 | 0 0 0 | 0 0 | 0 |

（延長11回）

［評］優勝決定１回戦につづいて再び延長戦にもつれこんだ11回裏、力投をつづける早稲田の安藤は、無死で慶応で“一番うるさい走者”安藤を歩かせた。慶応はそこでバントを予想していた早稲田の逆をついて強攻して榎本が一、二塁間を抜き、安藤は走って一、三塁。早稲田は小島を歩かせ、右翼と左翼を入れ替えた。無死満塁。四番・渡海は初球を打って浅い右飛。安藤はホームを突いたがタッチアウト。一瞬にして二死二、三塁。ひと息つくひまなく早稲田の石井監督は大橋を敬遠させた。その二死満塁に最後の力をふりしぼった安藤はカウント２−１から外角へ浮き上る球で代打・田中のバットを空を切らせた。両チームが死にものぐるいで戦った３時間を超える大熱戦もスコアボードに22のゼロを並べて、ついに勝負がつかなかった。（小川正太郎＝『早稲田大学野球部百年史／下巻』より）

【※追記：早稲田先発・安藤投手が11回完投】

**11月12日＝6回戦［優勝決定3回戦］**

| | | | | |
|---|---|---|---|---|
| 早大 | 0 2 0 | 0 1 0 | 0 0 0 | 3 |
| 慶大 | 0 0 0 | 0 1 0 | 0 0 0 | 1 |

○勝利投手＝安藤　●敗戦投手＝角谷

［評］死闘6戦、早稲田がついに勝った。東京六大学史上に残る壮絶な戦いだった。所の一発が効いた。2回、早稲田は先頭の徳武が三遊間を突破、村瀬のバントは投飛、野村も遊ゴロだったが、慶応の遊撃・安藤からの速い送球を近藤がグラブに当てて落した。これで角谷は動揺したが、つづく所への初球が真ん中高めの直球。所がかるくミートすると打球は左翼へよく伸び、浅く守っていた左翼手・榎本は快足をとばしてバックしたが及ばない。徳武、野村が相次いで生還した。3回は一死二塁、4回も野村が右中間を抜く二塁打…と早稲田が押し気味で、慶応は角谷をあきらめ、清沢の登板。しかし清沢は4回のピンチは切り抜けたが、5回に早稲田打線に襲われた。一死後、末次が二塁を強襲し、石黒の遊ゴロで二進、徳武が強引な打撃で三遊間を抜いた。早稲田は5回で6安打、球節にさからわず、地道にミートしていったことが効果をあげた。【中略】慶応は以後も早稲田の安藤を攻めたてたが、安藤は顔を紅潮させながら力投した。8回一死で慶応・安藤に安打され二盗されたピンチも橋本、渡海を退け、9回も低目を慎重について三者凡退にうちとった。所の一撃も貴重だったが、安藤の力投は球史に残る輝かしいもの。7日間で早慶戦5試合に完投した体力、精神力はいくら激賞しても足りない。（小川正太郎＝『早稲田大学野球部百年史／下巻』より）

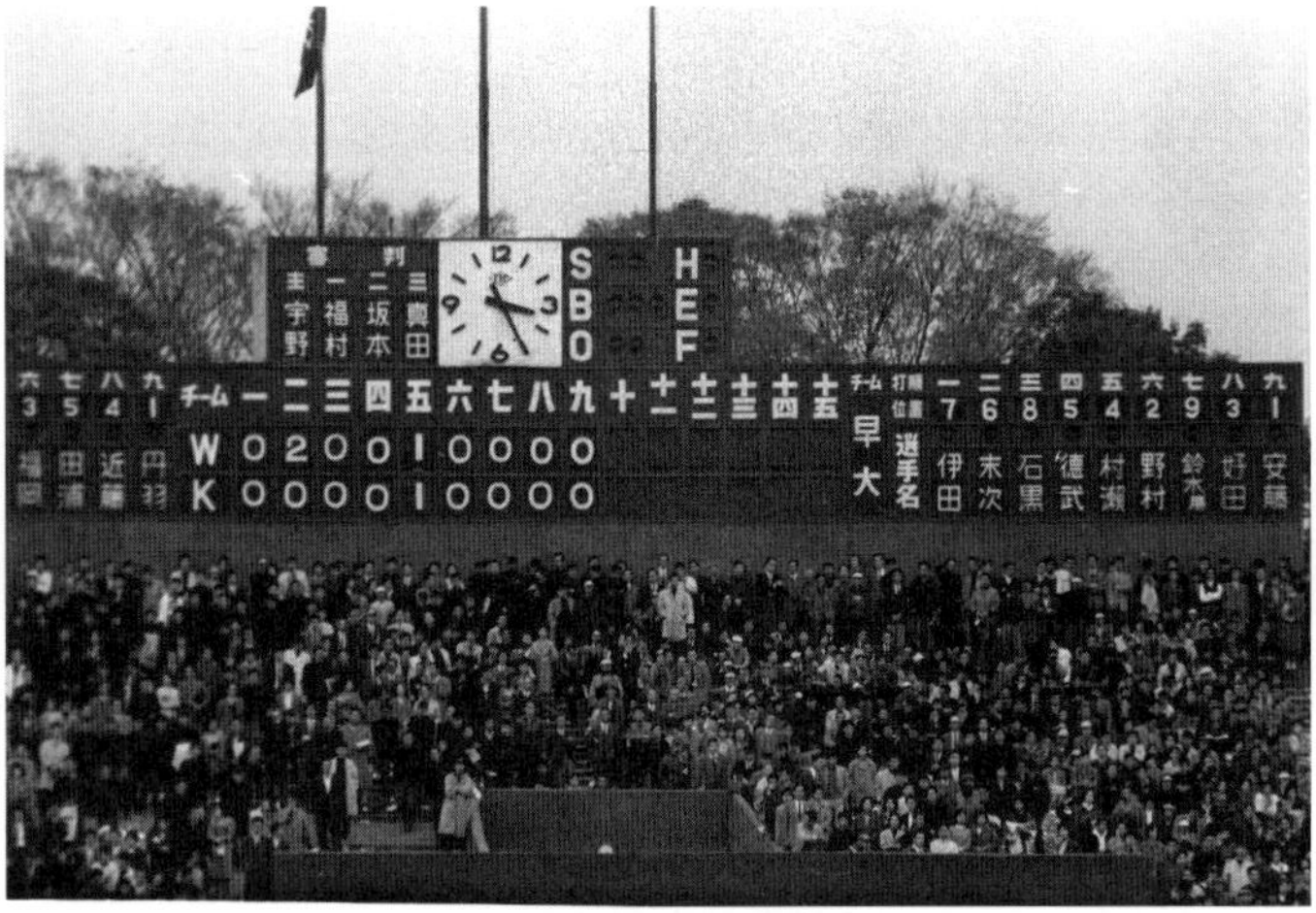


1960年伝説の早慶６連戦

私はこの6連戦の話を当事者である大先輩がたからお聞きし、当時の選手たちの息遣いを肌で感じました。神経を研ぎ澄ました中で野球をすることが、どれだけすごいものか。緊張感を通り越した世界が、そこにはありました。

早稲田逆転優勝の立役者となったエース・安藤元博さん。シュートを武器に5試合、564球を投げ抜きました。私が大学生のころはまだ安藤さんもご健在で、時々グラウンドにおいでになりました。石井さんが監督に就任して、半ば無理やり引っ張り出されたのでしょう。技術的なこと以上に、いかにあの6連戦をしのいだかを教わりました。

「死ぬほどやらないと、ダメなんだ。やったヤツが勝つ」

安藤さんだからこそ言える、ひと言だったと思います。

## ●ピッチャーをクビになっちゃった

安藤さんには、有名な話があります。

早慶戦の前週、明大戦で1イニング7失点とコテンパンにやられた安藤さん。先発、リリーフと4連投だったとはいえ、あまりにも状態が悪すぎました。早慶戦までの中11日でどうやって安藤さんの調子を取り戻させるか。石井さんは飛田先生のところへ相談に行きました。

飛田先生はこう言いました。

「連ちゃん、安藤はもう投げずに走らせたほうがいいよね」

ところが石井さんは、飛田先生のアドバイスを安藤さんに伝える際、「安藤、お前はもう投げなくていい。走っとけ」とだけ言った。生真面目な安藤さんはその言葉を聞き、「ああ、俺ピッチャーをクビになっちゃったんだ」と思ってしまったのです。

安藤さんがすごいのは、そこから来る日も来る日も、ひたすら外野のポール間を走っていたこと。安藤さんは走りながらグラウンドの小石を一つつまんではフェンスのところに置き、一往復して帰ってきたら、また石を置く、を繰り返していました。なぜそうしていたのかは安藤さん亡き今、分かりません。しかしいつの間にか、その石は右中間まで並んでいたといいます。

安藤さんは早慶戦の3日前から、再びボールを握りました。早慶戦のときにはリフレッシュしてすっかり元気になっていたため、5試合564球の熱投が生まれたのです。ピッチャーとしてクビを宣告されたと思い、一度は地獄に突き落とされた。それが一転、試合で投げられる喜びもあったのでしょうが、よく体力がもったものだと思います。極限までピーンと張り詰めた、緊張感を超えた中で戦う精神状態が、それを可能にしたのでしょう。

## ●ダグアウトの応援団

早慶6連戦の〝当事者〟は、グラウンドで躍動した選手ばかりではありませんでした。あの試合をダグアウトで見守っていた控え選手。彼らの話を、私は非常に興味深く聞かせていただきました。「チームメートを〝応援する〟とはこういうことなんだ」と、改めて感じました。

6連戦当時3年生だった、市岡高校出身の坂本周三さん。坂本さんは控え投手としてベンチに入っていました。そこで坂本さんは、試合に出ている選手や監督のいろいろなやり取りを聞いていたわけです。

延長11回日没引き分けになった5回戦（1960年11月11日、優勝決定戦再試合）。当時の神宮球場には照明がなく、回を追うごとにグラウンドが薄暗くなっていきました。そのときダグアウトで徳武さんが、「もう少し粘りましょう。暗くなったらこっちのもんです」と石井さんに言ったそうです。石井さんの〝暗闇ノック〟で早稲田ナインは散々鍛えられていましたからね。坂本さんがその思い出話をしたところ、当の徳武さんはすっかり忘れていて、「そんなこと言ったか、俺」。坂本さんは、「俺はすぐ横で聞いていたから、忘れもしない。間違いなく言っていたよ」と訴えていました。

あのころのチームはいつも、エースの安藤さんと心中していました。「俺なんか試合に出ないから、気楽なもんだったよ」と坂本さんはおっしゃっていましたね。

坂本さんは市岡高校出身ですから、学業も非常に優秀な方です。その坂本さんが言うには、「俺と安藤の違いは、素直な心があったかどうかだ」と。安藤さんは飛田先生や石井さんから言われたことをそのままやってみようと、一生懸命努力していました。「安藤は本当によく練習していたんだよ」と坂本さんも感服していました。

「でも、俺は素直な気持ちがなかったんだなあ」

坂本さんの愛称は、「ブンちゃん」。坂本さんはある日、飛田先生に「ブンちゃん、君はカーブがいいから、カーブばかり投げたほうがいいね」と言われました。しかし坂本さんは、「何言ってんだよ、そこそこ真っすぐが速くて、たまにカーブを投げるから、いいカーブになってるんだよ」と思って、素直に「分かりました」と言えなかったそうです。

「あれが安藤だったら、たぶんカーブばかり投げてただろうなあ」と坂本さん。

そんな6連戦秘話をはじめ、早稲田大学の野球部を支えてきた監督、選手たちのエピソードは、枚挙にいとまがありません。今の時代に〝古き良き時代〟の指導法が合うかといったら、決して肯定はできないでしょう。しかし飛田先生、石井さん言うところの「ボールに対する思い」は、今どきの学生も理解しようと努力しなければいけないと思っています。

われわれは一大学の野球部ではない。長い歴史と伝統のある早稲田大学の野球部です。その120年の歴史を知ったうえで野球に取り組めば、きっと意識は変わるでしょう。

早稲田の野球は『一球入魂』。それは120年間、変わりません。同じ『一球入魂』の精神のもと培われた先輩がたの〝早稲田魂〟を知ることも、必ずやプラスになるはずです。

20年秋の早慶戦前には、徳武さんがメンバーを集めて『早慶6連戦』の映像を見せ、話をしてくださいました。齋藤コーチも彼らの代が4年春、優勝のかかった早慶戦で栄冠を得たときの映像やエピソードを部員に共有してくれました。あの映像を見て何も感じないようでは困ると思わせてくれる、貴重な機会になりました。

早慶2回戦で逆転ホームランを打ったあとの蛭間の涙は、あの映像が効いていたからだろうと個人的には推測しています。

## ●早稲田カラーを全国へ

早稲田大学野球部には代々、『コーチの心得』という指導教本が伝わっています。オリジナルは大正12年に、初代監督の飛田先生がまとめたもの。早稲田大学野球部員は春のリーグ戦が終わると全国各地に散らばり、高校生に野球を教えるのが慣例でした。そのとき教本として携えていくのが、この『コーチの心得』です。

「高校野球を大切にしなさい。高校野球は我が国の野球の根幹を成すものだから、早稲田大学だけでなく全国の高校球児に指導しなさい」といった一節に始まり、今なお通用する飛田先生の教えが書かれています。

監督就任を大阪の野村さんに報告しに行ったとき、野村さんが「これをお前に託す」とおっしゃって私に原本をくださいました。

実はプロ野球界を退いてすぐのころ、稲門倶楽部の会長を務めていた本村政治さんから、『コーチの心得』をコピーして製本したものをいただいていました。おそらく本村さんもそのとき、「将来早稲田の監督になってもらいたい」という気持ちを持っていらしたのではないかと思います。そのコピーをすでに読んでいたので、野村さんから預かった原本は監督室に置いて、本村さんからいただいた本を試合のとき、神宮へお守り代わりに持っていくことにしています。

早稲田と同じえんじ色のカラーリング、ユニフォームの文字が花文字でツートーンのストッキングを着用している高校は、少なからず歴史のある学校で、早稲田の野球部が関与していると聞いています。そうして全国の高校とのパイプも作ってきたわけですが、昨今それが途絶えがちなのは残念です。しかし大学野球が、早稲田大学の野球部が永遠に高校球児の憧れの存在であるよう、われわれは常に志を持ち続けなければならないと思っています。

# 第6章　早稲田大学野球部監督の使命

## ●大学野球監督は教育者

『早稲田大学野球部監督』とは——。

私は早稲田大学を卒業し、今、母校の野球部監督を務めています。後輩たちを恥ずかしくない早稲田マンに育て、世に送り出すことが自分の使命と考えています。この「恥ずかしくない」という中には、社会から見ての評価、早稲田のOBたちから見ての双方が含まれます。

学生にはまた、「卒業して何十年経っても、またグラウンドに戻ってこられるような、そんな4年間を過ごしなさい」とよく話しています。

早稲田大学には120年の歴史と伝統があります。まず世間では、多くの方々が『早稲田大学』とはどういう大学か、その歴史や伝統の中で育まれてきた認識を持って、評価の言葉を与えてくれます。過去の先輩がた同様、「早稲田の野球部のOBは、立派だな」と言ってもらえるような人物を、一人でも多く輩出することが、監督としての仕事です。

「さすが早稲田だな」は、嬉しい褒め言葉。実際、私が卒業してプロに行ったときも、いろいろなところで「さすが早稲田の野球部だな」と言ってもらいました。しかし、その「さすが」は私に対してではなく、先輩に対しての言葉だったと私は思っています。卒業していった先輩がたが、実に人間のできた、素晴らしい方々だった。その先輩がたを知っている人が後輩である私を見て、「先輩たちと同じだな」という意味を込めて、「さすがだな」とおっしゃったのです。

今の学生たちが世に出て「さすがだな」と言ってもらえるのか、「それでも早稲田を出ているの?」と言われてしまうのか。両者には天と地ほどの差があります。正直、「それでも……」という言葉を陰で相当言われているでしょう。そこをなんとかしなくてはなりません。

監督は指導者か教育者か。大学野球は学生が相手ですから、〝教育者〟でなくてはいけないと私は考えています。相手がプロ野球選手なら、〝指導者〟でいい。しかし、学生は違います。従って、彼らに対しては技術指導以上に、しかるべき教育を施しているつもりです。

教育者としての監督に必要なのは、忍耐力です。短気ではまず、学生相手の監督は務まりません。私は自分でも、かなり我慢強いほうだと思っています。その私を怒らせたのですから、今の学生は相当なものですよ。

ビックリしました。これがあの早稲田大学の野球部か、と。前述したとおり、そういうとんでもないことが目の前で起きるのです。そこで忍耐力を持ち、「あ、今はこんなことが起きちゃうんだ」と大らかな気持ちで対応できなければいけないのです。

## ●ボビーと石井さん

理想の監督像は、千葉ロッテマリーンズ時代の恩師、ボビー・バレンタインです。彼は「チームを正しい方向に導く」優秀なスキッパーでした。試合を進めるうえでのボビーのやり方、ものの考え方は非常に勉強になりました。また、ボビーのおかげで選手の失敗を前提に物事を考えることができました。

ことさら学生野球の場合、選手が失敗するたび監督がカリカリしていたら、選手はがんじがらめで身動きが取れなくなってしまいます。厳しい監督なら、失敗した時点でその選手を使わなくなるでしょう。

私も監督就任後、何度かそうしてきました。しかし、それはその選手個人を咎《とが》めるのでなく、チームに対してクギを刺す意味合いが強いものでした。そういうときは必ず後で選手たちに対し、理由を説明します。一度は許すが、二度目はない。そこは念押しします。私は技術的な部分で選手を怒ることはありません。

私が怒るのは、気持ちが入っていないとき。特に、試合において気持ちが入っていないなど、早稲田大学野球部の部訓『一球入魂』の意味を理解していれば、起こり得ません。しかし、それが起こってしまいました。監督就任1年目の春、ある選手の走塁を見て、彼を試合から外しました。その選手はなぜ自分が外されたか、助監督に理由を尋ねたそうで、それを聞いて余計腹が立ちました。

秋のリーグ戦前、選手全員に春、彼がベンチを外れた理由を説明しました。「こういうプレーが見られたから、彼を春、外した」と。本人も含め、「なぜスタメンから外されたんだろう?」と疑問符が付いたままでは、チームのプラスになりません。「この秋、同じようなことがあったら、ただじゃおかないぞ」と、こちらの思いの丈を込めました。

私が選手に対して要求するのは、「当たり前のことを、当たり前にしろ」ということです。「俺は、お前らができないことを要求しない。できることを確実にこなしてくれれば勝つ。それでもし負けたら、俺が責任を取る」と常に話しています。

理想の監督像はボビーですが、私が最も大きく影響を受けている監督といえば、やはり石井連藏さんです。

石井さんに最も大きく影響を受けたのは、「勝つことがすべてではない」という早稲田大学野球部の在り方。すなわち「鍛錬の場であるグラウンドで、着実に技術を学べ」。これは学生たちにも伝えているつもりです。

ボビーは「失敗を恐れずチャレンジしろ」「トライだ」とよく言いました。石井さんは「チャレンジ」という言葉自体は使いませんでしたが、「失敗を恐れずチャレンジするための準備として、日ごろから鍛錬をしておく」というのが、石井さんの考え方でした。鍛錬をし、隙を見せずにグラウンドで勝負する。もちろんボビーの「トライ」も、日ごろそれに向けての練習をし、ベースのあることが前提ですよ。根拠のない闇雲なチャレンジには、ボビーだって責任を取りたくないでしょう。

石井さんは、早稲田大学野球部初代監督であり、『学生野球の父』と呼ばれる飛田穂洲先生の愛弟子です。飛田先生の教えを受け継ぎ、私たち学生にそれを伝えてくださいました。私は石井さんに教わったことを、また自分の教え子に伝えなければなりません。それが、『一球入魂』の精神。早稲田大学野球部監督として、最も大切な責務です。

## ●ジョニーの『一球入魂』

飛田先生が掲げた『一球入魂』の精神は、早稲田野球の根幹を成すものです。

私の考える『一球入魂』の意味は、読んで字の如し。「まさに今、この一球に魂を込めなさい」ということです。これは厳密に言うと、アマチュア野球ならではの精神です。プロ野球は、また違う。一つ先、二つ先、三つ先ぐらいの状況を読みながらプレーしなければなりません。だから、プロはその一球だけに全身全霊、集中していることはないですね。ただ、例えば「ここで打たれてはいけない」「ここはスイングをさせない」「ここはボール球を投げなければいけない」といった、〝その状況で最低限必要なこと〟は意識し、必ず遂行するようにしていました。

とはいえ私が早稲田の学生だったころは、逆に『一球入魂』という言葉自体を考える余裕がないぐらい必死になっていました。『一球入魂』の精神は持たなければならないけれども、それを意識してはいけない。無意識のうちに、『一球入魂』のプレーができなければいけないのだと私は思っています。「この一球にすべてをかけて……」と、いちいち自分に言い聞かせて投げているようでは駄目だということです。

これはプロ野球での話になりますが、私が見た『一球入魂』の最も顕著な例は、1998年7月7日（グリーンスタジアム神戸）、千葉ロッテの『ジョニー』こと黒木知宏が9回裏、オリックスのプリアムに同点2ランを打たれたシーンです。この年のロッテは6月13日から7月5日まで、NPBワーストタイの16連敗を記録していました。移動日を挟んだ7月7日、黒木は連敗ストッパーとなるべく、先発のマウンドに上がります。

黒木は4回に1点を失うも、8回までわずか2安打の力投。3対1と2点リードのまま、9回裏二死一塁の場面を迎えます。打席には、六番・プリアム。1ボール2ストライクと追い込んだあとの内角低めの速球にプリアムがバット一閃、打球はレフトポールを巻いてスタンドへ飛び込みました。

その瞬間、黒木はマウンド上にガックリとしゃがみ込み、そこでマウンドを降りました。一連の様子を私はダグアウトから見ていて、「よく頑張ったのになあ」とは思いながらも、試合後、彼に説教しました。「まだ同点だったのに、なぜマウンドでしゃがみ込んだんだ。エースなら、諦めてはダメだ」と。

当時、黒木はプロ入り4年目の25歳。結果的にあの年、最多勝と最高勝率を獲得しました。彼自身、天下を取ったような勢いがありました。そんな投手が連敗を止めるのに必死になり、持てる力を振り絞って投じた最後の一球。決してボールそのものは悪くなかったけれども、2ランを浴び、マウンド上に崩れ落ちました。

その後、彼はトレーナーに抱きかかえられるようにマウンドを降り、ベンチに下がったのです。まさにギリギリのところで投げた渾身の一球だったのでしょう。あんなシーンは、なかなか見られるものではありません。

## ●東伏見＝神宮

早稲田の野球に話を戻すと、『一球入魂』の精神がメンバー、メンバー外、スタッフすべての部員に浸透し、それをグラウンドで発揮することができれば、負けることはない。そうした考えのもとで、われわれはプレーしています。とすれば、野村徹監督が4連覇なさったときの2年間——あの4シーズンこそが最も『一球入魂』を部員全員で共有し、優勝という形で具現化した、早稲田大学野球部の理想に最も近づいた瞬間なのではないかと思います。逆にいえば、思うようにならない＝『一球入魂』できていない、ということになります。

20年秋のリーグ優勝は、優勝とはいえ引き分けの3試合に対し、「何をやってるんだ」と感じるOBがいらっしゃるでしょう。OBの皆さん全員に納得していただけるような結果にしなければいけません。7勝3分けで優勝したけれども、まだまだ〝早稲田らしさ〟が不足している。最後の早慶戦こそ奇跡的な逆転勝利でしたから、あの部分だけなら「よくやった、おめでとう」と褒めていただけるかもしれません。しかし、その褒め言葉はリーグ戦全体を通して「よくやった」という意味ではないのです。

常に全力で物事に当たっているか。自分の力を100％振り絞って、野球に臨んでいるか。

これは、日ごろの練習を見れば一目瞭然です。グラウンドでボールを追いかける、ボールを扱う。「この選手は軽くやっているな」「今、気が抜けているな」といったところは、見れば歴然なのです。そのたび一つひとつ練習を止めて注意していたら、練習にならないでしょう。

野球部には『東伏見＝神宮』という言葉があります。普段の練習から神宮にいるつもりで、ということですね。しかし私は、この言葉はあとで取って付けたものだと思っています。

常に『一球入魂』。「今、まさにこの一球に全力をかける」ということであれば、場所なんかどこでも構わない。河川敷でもどこでも、自分が今、1つのボールを扱うことに対して、100％の思いで魂を込めて臨んでいるか。それが最も重要だと私は考えます。

## ●デタラメだらけのグラウンド

早稲田大学野球部に入部する理由は、学生それぞれです。

私の場合は周りに何一つ、『早稲田大学』につながる環境がなかったにもかかわらず、早稲田の試合を見たことがきっかけで「早稲田で野球をやりたい」と思いました。私の時代でも、他の部員はたいがい自分の周りに『早稲田大学』につながる何かがあって早稲田を選び、進学してきました。大学系属、附属をはじめ、中学、高校に早稲田出身の誰かがいた、OBに早稲田の選手がいた、などなどですね。私のように何もないところから早稲田、というのはレアケースだったと思います。

今は『早稲田大学』の何かが近くにあって、その影響を受け、早稲田を目指してくる学生が9割、むしろ10割近くいるのではないか。ましてや情報はいくらでも手に入ります。例えば小学生のころ、「あそこのシニア・リーグ（中学生硬式野球）に行くと、早稲田実業学校に入れるらしいぞ」などといった類の情報に早々と触れることもできるわけです。「早稲田で野球をする」目標や喜びは、親が子どもに刷り込んでいるケースも多いのではないでしょうか。子どもにとっては、いい迷惑かもしれません。というのも昨今、「何がなんでも早稲田なんだ」という想いの伝わってくる学生がいないのです。

1年生を集めて最初に挨拶するとき、私は必ず「（早稲田大学で野球をする）覚悟を持って臨め」という話をします。それでも、途中で部を辞めてしまう選手がいる。そのたびに私は「その程度の想いで入部してきたのか」と改めて知らされます。早稲田大学野球部に入部し、ユニフォームを着てプレーすることが、どういうことなのか。彼らは覚悟があって入部してきたわけではなかったということでしょう。

逆に言うと、入学前から「早稲田の野球とは何か」を中学、高校の指導者などから学び、

「日本の学生野球界のトップで野球をやりたい」と大志を抱いて入部してきた学生に、「こんなはずじゃなかった」と思わせてもいけません。もちろん、そこは学生自身の考え方一つでもあって、周りを見て「こんな人たちに俺が負けるわけないな」とより一層やる気を出してくれるのなら、それはそれで悪くないのかもしれませんが……。

私が入学したのは、早稲田の低迷期。当時の先輩がたには申し訳ないけれども、「こんないい加減な練習をしている人たちに負けるわけないな」と思いました。実際、「ひょっとしたら、レギュラー組に入れるかも」と希望の持てる顔ぶれでした。

何より欠けていたのは、『一球入魂』の精神です。だから石井さんが「正しい早稲田の姿に戻す」と言って、われわれのところにやってきたのです。石井さんがあのときわれわれの首根っこを掴んで早稲田野球のなんたるかを叩き込んでくれたおかげで、私は今があると思っています。石井さんは中途半端に改革しようとせず、「駄目なものは駄目」とバッサリ無駄なものを切り捨てた。その結果、「早稲田の野球部はこうあれ」というところが明確になりました。

「こうあれ」という決めごとの中に、われわれ学生の入る余地はありませんでした。監督が有無を言わさず、学生にあれこれ課す。今の時代にそんな指導をしたら、パワハラです。歯がゆい気持ちはありますが、石井さんと同じやり方はできません。
ただ精神的には100%、私のやり方は石井方式です。石井さんのやり方を、現代式に置き換えています。それも〝言葉の暴力〟と受け取られないよう、オブラートに包んで話しています。

私たちのころは学生主体でやろうとしたことも、すべて石井さんに否定されました。二言目には「そんなデタラメやっているからだ」と言われる。何をもってデタラメなのかも、教えてもらえませんでした。ただただ、「デタラメをやるな」と言われ続けていました。その当時の感覚でいうと、今のグラウンドもデタラメだらけです。「なぜそれを思いつかない、考えつかないんだ」ということが、散在しています。「こんなことも言われなきゃ分からないのか」というものが多すぎるのです。

## ●まずはキャッチボールから

おそらく学生たちなりに、100点満点を目指そうとしているのでしょう。

しかし、まだ基礎がしっかりできていないにもかかわらず応用編に進んでしまうから、〝デタラメなこと〟が起きてしまうのです。

基礎ができていないから、グラウンドで基礎練習を課す。すると「こんな簡単な練習、わざわざやらなくたって俺はできるよ」と内心思っているのが見て取れる選手が何人もいます。ところが、いざやってみるとできない。今度は私のほうが「ほら見ろ、言わんこっちゃない」と内心思う。その繰り返しです。

野球の基礎は、キャッチボールです。自分の思ったように投げることができない選手も、時にはいます。ここまではないにしても、「ボールの扱い方がなっていない」選手が多いですね。

想像力が足りない、というのでしょうか。キャッチボールで相手とボールを投げ合う、そのとき「もしこれが試合だったら」と想定しながらボールを扱っていないのです。キャッチボールの際に1球、暴投した。「これが試合だったら、どうするんだ」と私がその場で言っても、暴投した選手は「大丈夫です、ちゃんとできます」と答えるでしょう。そして、試合でもソツなく送球をするでしょう。試合が淡々と進む中、平常心でいられる場面でなら。

しかし、本当にしびれるような局面で、普段どおり、練習どおりに体を動かすことができるのか。おそらくできません。それができる選手は、練習であってもミスをしない。練習でミスをする選手ほど、ここ一番の土壇場で失敗する確率が高いはずです。もしそのミスが原因で試合を落とし、優勝を逃すようなことになったら、ミスを犯した選手は一生後悔します。そうならないように、「常に緊張感を持ってボールを扱うようにしなさい」と訴えかけているのですが、まだ真剣みの足りない選手がいるのです。

選手たちには野球の技術的なことと同時進行で、精神的なことも理解させなければいけないと思っています。

「精神的なこと」は単純に言えば、「バカらしいことをバカらしいと思ってはいけない」ということですね。例えば、基本の反復。「そんなの、できます」と選手は思っているでしょうが、できないからやらせているのです。まずはそこ――「できていない」ことに気づくよう、仕向けています。

それがキャッチボールからのやり直しです。ボールを扱うこと自体雑になっているので、「ボールは丁寧に扱え」と言う。それから打撃練習においても、守備練習においても、どんな場面でも「隙を見せるな」と。とにかく基本的なことを真剣に、緊張感を持って繰り返し練習します。

小さな子どもに言い聞かせるように何度も、何度も注意喚起するのですから、こちらも根気のいる作業です。

## ●教えない教え

私の学生時代、グラウンドでの練習はまさに〝石井さんとの闘い〟でした。

今の選手たちが私と闘っているかというと、どちらかといえば私から逃げ回っているような印象を受けています。勝負を挑んでくるのなら受けて立つつもりでいますが、全くその様子はありません。私のことは、なんとも思っていないのでしょう。

私が元プロ野球選手であることを、どう思っているのか。それも全く分かりません。ただ、「こんなことを聞いたら恥ずかしい」と思っている節はありますね。「お前、そんなことも分からないのか」と言われるのは、屈辱的だから。そうならないよう、自分たちであれこれ考えながら練習しているのだと思います。具体的な質問をぶつけてくる選手は、ほとんどいません。私は「知らないことがあったら聞けばいいのに」と思うんですけどね。

もちろん、「自分で解決できるんだったら解決してみろ」というスタンスでいます。

私の指導者としてのポリシーは、横浜ベイスターズ時代にお世話になった権藤博監督の『教えない教え』。これが一番だと思っています。

『教えない教え』の意味は、言葉どおり。「まずは自分で考えなさい」ということですね。指導者側があまりにも手取り足取り教えすぎると、選手は迷路にはまってしまうことが多い。だから、指導者は選手をじっと観察し、タイミングを見て的確にヒントを与える。選手はそこからまた、考えます。

与えられたヒントを取り入れながら考え、形を変えていくことができるようになれば、もう手はかかりません。あとはタイミングを見計らい、その選手の試みが正しいか間違っているかさえ指摘してやれば、「あ、そうか」と気づき、次の段階に進みます。私はそれが正しいやり方だと考えています。しかし、いわゆる〝指示待ち族〟の学生は、「だったら言ってくださいよ」と言うのがオチなんですよね。

こちらが指摘したのに、指摘されている箇所が分からない選手は論外として、指摘されたことを改善するために何をしたらいいか分からない選手が、一番厄介です。「どうしたらいいか、分からない」選手に対してヒントを与えるのは、なかなか大変なことなのです。このタイプの選手は問題点を消化し、それを改善するためにこうしてみよう、ああしてみようと取り組むに至る思考回路を持ち合わせていないケースが多い。そのぶん、こちらも選手の反応を確認しながら、ヒントを与える作業を進めていかなければなりません。

それならいっそのこと、「何が分からないのか」が分からないほうが、それを気づかせてあげればいいだけだから簡単です。このタイプは首根っこを押さえて言ったとおりにやらせれば、ある程度のレベルまで到達するもの。ただ、そうすることによって、彼はもう死んでしまいます。それ以上のレベルにはいくことはできないでしょう。

「改善するには、こうしたらいいんだ」と自分で気づくことのできる選手は、もう放っておいてもいい。

部員140人の中には、技術的にも精神的にも、様々な選手が混在しています。選手は全員、平等に指導しなければならないとは思っていますが、区別はします。差別はしないけれど、区別はする。ある程度の可能性があると判断した選手とそれ以外の選手、そこは申し訳ないけれども分けています。これは前述したとおり、石井さんの教えでもあります。

選手が集まってミーティングをする際、自覚と自律をうながすため、
まずは後ろ側で見守る著者（左から２番目）

## ●神出鬼没の選手観察

大学で授業が開講されている期間の平日火曜から金曜は、学生たちが各自の授業時間に合わせて時間別練習を行います。選択している授業が全くない、あるいは午前中の授業（1、2限）がない学生は8時から、授業が午前中で終了した場合は14時から、3限まで授業がある選手は16時から、4限まである選手は17時半から、5限まである選手は19時から、といった具合です。通常は毎週月曜がオフ。リーグ戦のない土日は一日練習か、練習試合になります。

週末が一日練習になると、私は練習メニューを見ながら、その1週間ずっと〝観察〟してきた中で、気になる選手のところへ足を運びます。もちろん、見られている側の選手がそれに気づいているかどうか定かではないですが……。

〝気になる選手〟には、いろいろなパターンがあります。一つに、見ていて危うい選手。そこは間違った方向に行ったものを正してあげる。もう少しで壁を乗り越えるところまで来ているけれども……という選手、あるいは練習がマンネリ化して少し気持ちが入っていないように見える選手。こうした選手たちのところには分かるように近づき、「お前、ちゃんとやれ」というオーラを出します。声は掛けません。監督がそばでじっと見ている。それが一番、プレッシャーになると思いますから。

実際、私も学生時代はそうでした。「石井さん、どこにいるんだろう」と、いつもキョロキョロしていました。「あれ？　いないぞ」と思うと、すぐ後ろに立っているんですよ。まさに神出鬼没。私も、それを目指しています。

「俺を見てくれ」と思っている選手は基本的に、私が近づけば張り切ります。ところが「監督に見られたら嫌だな」ぐらいの気持ちでいる選手は四六時中、こちらの動きを気にしています。

普段、私は〝定点観測〟を常としています。同じ場所からジーッと選手を見て、「昨日はこうだったのに、今日はこうだな」と観察。「どのタイミングでアイツにけしかけようか」と、様子を伺います。毎日定点観測をしていれば、違いがあったときすぐ分かりますからね。

〝観察〟は監督にとって、大切な指導手段です。

著者（左）の恩師・石井連藏監督（右）はそばで
じっと見守りながら指導していた

## ●やってできないことはない

私は「やってできないことはない」と思っています。だから、できるようになるための手助けはします。

ただ、自分ができないことをやろうとしている人間の手助けはできません。例えば人間が自力で空を飛ぼうとしても、飛べませんよね。それを「飛べない、飛べない」と言っている人間のことは、相手にしません。しかし自転車に乗ることなら、要領さえ得れば絶対に乗れるはず。だから、「その要領を得るために、どういう練習をすればいいですか？」という問いに対しての答えは、渡します。一生懸命やろうとしているのは伝わってくるけれどもフィジカル的な問題があってできない人に対しては何かサポートしてあげようと思うし、テクニカルなことが分からないのであれば、技術を教えてあげようと思います。ただし、真剣に自転車に乗ろうとしている人間に対してだけです。

真剣に乗ろうとする意欲が感じられない人間に練習方法を教えても、おそらく練習しようとはしないでしょう。その人が「乗れない」「できない」と訴えたとしても、「お前がやろうとしないからだ」と言って、たしなめます。

野球も同じです。例えばピッチャーが「150キロの速球を投げたいんです」と言ったとします。それに対する答えは、「じゃあ、150キロの速球を投げるために準備しなければいけないことをまずやってきなさい」ということです。その準備ができて、なお投げられないのであれば、手ほどきします。

しかし、そんな準備もせず、いきなり「150キロの球が投げられるようにしてください」と言っても、「できるわけないだろうが」と追い返します。「できない」のか「やらない」のか。そこは明確に分けているつもりです。

140人近く選手がいると、レベルの幅も広くなります。これがプロなら、ある程度は似通った水準の選手が集まるので、指導者側もそこまで苦労することはないでしょう。ところがこれだけ振り幅が大きいと、ひょっとして大化けする可能性のある選手も中にはいると思うのです。その才能を見出してあげるのも、監督の仕事の一つになってきます。

日々つぶさに観察し、「あ、昨日と違って今日はビックリするぐらいよくなっているな」という選手が見つかると、「明日はさらに倍々ゲームで、昨日から今日と同じように伸びるんだろうか」と期待する。そういうときは、楽しくてたまらない。

逆に「あれ？　昨日ああやって教えたのに、コイツ全くやってないな」という選手もいます。それでも「今日はたまたまかもしれない」と思い直して気持ちを落ち着け、翌日また見ると、さらに劣化している……。これはもう、私が舐められているとしか思えません。

アマチュアの大学生ですから、自分が今どうなっているのか把握できず、迷路にはまる選手もいます。そこでその選手を救うことが、いいのか悪いのか。というのも、そういう状況の中、自分で努力して打開しようとする選手が迷路を抜け、できるようになったときのあの喜び。それを考えると、「余計なことは言わないほうがいいかもしれないな」と思うのです。

そんなこんなで、毎日楽しく選手を観察しています。ただ、そう言えるのも、2年目の秋に勝ったから。あの秋に負けていたら、「勝たなければいけない」というプレッシャーを感じながら監督を続けなくてはならなかった。そうしたらもっとシビアに、選手と線を引かなければいけなかったでしょう。

秋に勝ったおかげで、少しは大きな気持ちで選手に接することができています。

## ●無駄な努力はするな

学生たちには「自分が〝こうしたい〟と思ったことを突き詰めろ」と言っています。

自分の目指すところはどこなのか。それを決めたら、あとはそこに向け、１００％全力を出してほしいと思います。能力差は自明の理で、どうしようもない。しかし、「全力で努力する」ことは、全員が同じパーセンテージでできるのです。「自分は人より努力している」と胸を張って言える選手を、私は試合に使いたい。

安部寮の壁に（本田技研の創業者）本田宗一郎さんの言葉「努力はその時の情勢に必要な効力を生んで初めて努力として認められる。努力したが結果は駄目だったでは、努力したことにならない」を貼り出し、努力の尊さと、無駄な努力をするなということを学生たちに話しています。

努力するのはいい。何かに一生懸命打ち込むことは大切です。しかし、その努力が結果を導き出さなければ、無駄な時間を過ごした、時間を浪費したことになってしまう。「結果が出てこその努力」、ということです。

裏を返せば、「無駄なことをするな」という意味ですね。今、自分が一生懸命やっていることを、無駄にしてはいけません。

目指すところに到達するために、どうするか。これで駄目ならあれ、あれで駄目ならこれ、と次々トライしていくのが努力の一つの方法です。例えそれが結果を伴わなくても、「俺は自分のやり方を信じてやり続ける」と突き進む選手は、それはそれで評価します。ただ、やはり「結果が出ないなら、もうちょっと考えてみればいいのに」と思って見ています。そこで努力すらしない選手は、論外です。

メンバー外の選手たちには、「レギュラーと同じことをやっていたら、その差は縮まらない。レギュラーよりも練習しなければいけない理屈は分かるだろう。時間を費やす、ノルマをこなす、それだけでいいのか。とにかく自分にとってプラスになることを必死にやりなさい」と説明しています。

メンバー外の選手も当然、ずっと観察しています。要領よくやっている選手と、愚直にやっている選手。これは見れば一目瞭然です。私は要領よくやっている選手を信用していません。

一方、愚直にやっている選手は、見守っているだけでいい。なぜかというと愚直な選手にひと言、ふた言何か助言してうまくいったら要領だけよくなって、そこで成長が止まってしまうように思うから。だから愚直な選手に対しては、「頑張れ」と心の中で応援しています。そういう選手が自力で何かを掴んだときは、これ以上にないものが得られます。

前述しましたが、私が監督1年目に最上級生だったピッチャーの野口は何も言わず、必死に練習をしていました。見ていて頼もしかったですね。「コイツをなんとかしてあげたいな」と心から思わせてくれる選手でした。その努力ゆえ、4年生の最後に神宮のマウンドへ上がり、いい形で卒業できた。彼も胸を張って「素晴らしい4年間だった」と言えるでしょう。本当によく頑張ったな、と思います。

### ●コントロールを磨く

ピッチャーにとって、コントロールは何より大切なものです。

コントロールを磨くにはどうするか。とにかく「狙って投げる」ことです。それができないピッチャーは狙い方が足りない。狙って投げる感覚が研ぎ澄まされていないのだと思います。

私は子どものころ、ボールを投げるのが大好きでした。自宅の庭にあったブロック3段分ぐらいの高さの壁目掛けてボールを投げては、内野手になったつもりで跳ね返ってくるボールを捕球する。それをショートバウンドで壁に当てると、ボールはライナーになって返ってきます。そのボールを捕って、「ファーストアウト!」。変化球を当てれば、また別の回転で跳ね返ってくる。そうやって延々繰り返し、遊んでいました。

低い壁にきっちり当てないと、逸れたボールを拾いに行かなければなりません。だからより慎重に、より低くボールを的目掛けて投げる練習をしました。それでコントロールが磨かれた。低めに、自分の思ったところにボールを投げる習慣が身につきました。

あたりが暗くなってボールが見えなくなると家の中に入り、部屋で寝そべって天井に向かってボールを投げました。天井すれすれの地点目掛けて投げると、ボールがシューッと天井をかする音がします。その音を求めて、加減しながら投げるのです。寝そべっているので、ヒジから先を前に出さなければうまく投げられません。なおかつ上腕を前に出すとき、肩甲骨が上に上がらないとヒジから先をうまく出せないので、それを繰り返すうち、自然と腕の振りが綺麗になったようです。

そもそも天井ギリギリを狙って投げていたのは、天井にボールをぶつけると、2階にいる親にドヤされるから。そんな遊びの延長で、野球の重要な技術が磨かれました。

変化球に関しては、実際ブルペンで数多く投げないと覚えられないものです。いいピッチャーと悪いピッチャーの差は、再現性の違い。なおかつ球数を投げれば投げるほど体力が消耗するので、どのくらいが自分の限界かを大学の下級生の時期、とにかく投げ込んで覚えることが必要だと思います。

## ●「技術を身につける」とは

努力をしながら、結果が出ないとき——。もし本人が結果を求めているのであれば、結果が伴わないことについて、何が原因なのか自分で探り、理解してほしい。結果が出るように、自分で努力してほしいと思います。

そこで、もがいている選手は助けます。ただ、手を差し伸べるタイミングが難しいのです。中には「お前、それで本当に努力しているの?」と聞きたくなる選手もいます。そのとき「精一杯努力しています」と言うのであれば、それが彼の実力で、そこまでの選手だと判断しなければなりません。しかし「まだ努力しきれていないな」と思った場合は、ヒントを与えます。それはピッチャーに限らず、野手も同じです。

『技術を身につけた』とは、多少のことでは崩れないものを構築できたとき、言えるのだと思っています。野球選手としての自我がある選手ほど、早い段階で「自分のフォームはこうだ」というものを作ります。

ピッチングにも打撃にも、正解はありません。例えばバッターの場合、ボールを上から叩く選手もいれば、アッパースイングで打つ選手もいます。どちらの打ち方でも結果、ヒットになったら正解です。ただ、体の使い方には正解が存在します。ピッチングも同様です。基本はあるけれども、応用に関しては何をしても自由です。

私が現役時代、唯一技術的な教えを受けたのは1995年、2003年に千葉ロッテの臨時投手コーチとして招かれたトム・ハウスさんからでした。

MLBテキサス・レンジャーズの投手コーチ時代、名投手ノーラン・ライアンを指導し、『ピッチャーズ・バイブル』をライアンと共著で上梓した名コーチ。彼はピッチャーとして、というよりアスリートとしての体の使い方を私に教えてくれました。それが私の技術指導の原点になりました。トムさんに教わった正しい投げ方、体の使い方を各選手に重ね、できているところ、できていないところをそれぞれ指摘する。そして、できていない部分に関しては「こうやって修正するといいよ」とヒントを与えます。

その先にある〝バッターを抑える〟云々は、個々の能力差にかかってきます。だから、プロはそうした能力のある選手を集めてくるわけです。一方、我々はアマチュアですから、優れた能力を有したものを多く集められるかといえば、早稲田大学では難しい。スポーツの特別推薦枠などで1学年15人、16人と毎年入部してくるような大学は、おそらく全国から優秀な選手を獲得しているでしょうから、勝って当然ということになります。

しかし、そういった大学の足元をすくって、一泡吹かせることは可能です。それが野球の面白いところなんですよ。

## ●監督室にて

一日の終わり、私は監督室に小一時間籠り、あれこれ考えを巡らせています。

練習中、観察した選手を次々思い出し、「明日はどうやって指導しようか」と翌日の練習について考えます。

ある選手については、「今日アイツ、ちょっとよくなっていたなあ。まだ声を掛けず、もうちょっと泳がせたほうがいいかなあ」、また別の選手については、「そろそろ、こうしろ、ああしろと言うタイミングかなあ」……そんなことに思いを巡らせていると、あっという間に時間が経っていきます。

私が帰らないとマネージャーたちも帰れない。「何やってるんだろう?」「早く帰らないかなあ」と思っていることでしょう。

授業優先のときは午前中練習し、昼間は時間が空くので、そこで監督室にこもって没頭します。その後、夕方から夜8時過ぎまで練習の間に選手を観察し、帰るまでさんざん考えるわけです。

今や、頭の中は早稲田大学野球部だけです。自分でも驚いていますよ。プロ野球もメジャーリーグも全く見る時間がなく、すっかり疎くなってしまいました。学生たちのほうがよっぽど詳しいかもしれませんね。

# 第7章　これからも『一球入魂』

## ●十字架を背負う

2021年、学生たちは『一球入魂』をチームスローガンに掲げました。

私は彼らにいいのか、と尋ねました。『一球入魂』は早稲田大学野球部に歴代、脈々と流れてきた精神。それを敢えてスローガンにするのは、十字架を背負ったようなものです。「十字架」という言葉を聞いて、彼らがどう感じたか。もしそれを意識していたら、5位という結果には終わらなかったと思います。

私はすでに春、惨敗する覚悟はできていました。彼らが「連覇」と口にした時点で、危うさを感じていたためです。もちろん20年秋にリーグ優勝したわけですから、21年の春も勝つことができれば、「連覇」になるのは事実です。そのために個々が練習し、チーム力を蓄え、結果「連覇」するのが目標です、と言いたかったのでしょう。しかし「連覇」という表現を使ったのは、20年のリーグ優勝が自分たちの実力だと勘違いしていたからではないか。そう思えてならないのです。

当然、マスコミはじめ周囲の方からは「連覇、連覇」と言われてきました。そのたび私も「早川がいた去年のチームとは全く別のチームですよ」と答えてきました。それを聞いてなお、学生たちは「なんとかできる」と甘い考えでいたのだと思います。

私は20年秋に優勝したあと、あちこちで「勝ったんじゃない。勝っちゃったんです。勝っちゃいけなかった」と言い続けてきました。まだ勝つにふさわしいチームになっていないのに、勝ってしまったのです。それが原因でまたタガが緩むのか、それともより一層突き詰めていかなければいけないと思うのか。それが分かれ目になると思いました。一方で、主将の丸山は上を目指す意欲の強い選手だから、タガが緩むことだけはないだろうとも思っていました。

春、最初のカードとなった東大1回戦に6対5で逃げ切り、2回戦では（東大戦）10年ぶりの引き分けを喫した試合後、私はマスコミへのコメントで「（次の空き週は）特訓ですね」と言いました。そう言いはしたものの、わざわざこちらが特訓を課さなくてもいいぐらい、選手自ら練習するだろうと思っていたのです。ところがグラウンドに行くと、いつもどおりの練習が進んでいました。

そこで、私は学生たちに注意喚起をしました。

「東大戦で失った0・5ポイントは次の2カード4試合で取り返さないと大変なことになる。より一層の緊張感を持って、練習に臨もう」

グラウンドには、私が必要だと思ったことを書き出すホワイトボードがあります。そこにそんな言葉を書いて、彼らの奮起を促しました。しかし残念ながら、立大戦は腑抜けた試合内容で連敗。私の言葉を真摯に受け止めた選手と、そうでない選手がいたということでしょう。チーム全体の空気は変わらないままでした。

### ●一番手の肩が……

その立大1回戦に先発した徳山は、初回いきなり5失点。3回6失点でマウンドを降りる結果になりました。

徳山はよりよいピッチングを目指し、テクニカルな部分であれこれ取り組んでいました。それが立大戦のときは、悪いほうに出てしまいました。

徳山は基本的に、自分のルーティンを崩したくないタイプ。いつも変わらず、自分のやるべきことを淡々と続けていました。それがあのときは、敢えてその流れを変えてまで、新しいことにチャレンジしていました。おそらく不安でじっとしていられなかったのでしょう。相当もがいているんだなと思いました。

私は技術的なことは、話しませんでした。「最終的には気持ちの問題だよ」とだけ言っておきました。翌週の法大戦で完封勝利を収め、「これで大丈夫だ」と思っていたら、その後また元に戻ってしまいました。

明大戦の途中で「腕に力が入らない」と言い出したため、代打を出して交代させました。そして、翌日の試合もベンチから外しました。

表向きは、「優勝がなくなり、無理をさせる必要がないからベンチから外した」と説明しましたが、実際は投げられる状況ではなかったのです。病院で検査すると、肩に炎症が認められました。幸い、最終週まで1週間空く。その間、どのぐらい状態が戻るか。炎症が引き、1週間様子を見て、早慶戦の前の練習で投げられるようだったら、早慶戦に先発させるつもりでした。

ところが、テストと決めていたシートバッティングの日が大雨で、バッター相手に投げられなくなってしまった。それなら無理をさせたくないと、2回戦は山下を先発させることにしました。結果的に、山下が（4回⅓を2失点と）頑張ってくれたので、よかったのですが……。

## ●大学野球のエースとは

徳山には、「投げられるようだったら、投げてもらうよ」と言ってありました。バッター相手の実戦練習はできなかったため、先発からは外しましたが、リリーフで最長3イニングまでと決めていました。

大学野球のエースとは、そのチームで最も優秀なピッチャーを指します。成績だけでなく、仲間に対して、大黒柱としての姿を見せつけなくてはなりません。

春の徳山は、そういう意味でエースとは言い難かった。自分の技術向上のため、一生懸命になるのはいい。しかしそうして試行錯誤している姿が、仲間の目にはたいそう不安に映ってしまいました。エースはそんな姿を見せてはいけないのです。

裏を返せば、同じことをしても成績が伴えば「すごいな、あんなに根詰めてやっているよ」となるし、成績が伴わなければ「何をバタバタしているんだろう」と周りを不安にさせるわけですね。

徳山はプロ志望。プロ入りという目標に向け、3年の冬から4年の春にかけての調整法ではダメだと理解したはずなので、（4年の）秋には好転するだろうと思って見ています。

徳山に限らず投手陣には、いつも「自分が一番だ」という気持ちで準備してほしいですね。春の例でいえば、徳山が投げられないと分かった瞬間、西垣が「じゃあ、俺だ」と思わなければいけません。

西垣は1年生のときから徳山とお互いしのぎを削ってやっているので、実際、「徳山よりも俺のほうが」という思いで試合には臨んでくれました。ただ早慶1回戦の4回、勝負どころで甘い球を打たれるなど、点の取られ方がよくなかった。結局その3点で負けたわけですから、もっと気を引き締めていかなければならないところでした。

## ●やればできる？

21年春、早慶戦の初戦に2対3で敗れ、私は選手全員を叱りつけました。

「いい加減な気持ちで日々の鍛錬をしているから、結果が出ないんだ」

法大2回戦から早慶1回戦まで、4連敗。すでに最終週、リーグ戦が始まって8週目というのに、1週目と同じような試合を繰り返していたのですから。

1週目の東大戦に連勝するつもりが、点が取れずにスコアレスドローになり、1勝1分け。ここで取りこぼした0・5ポイントを次の2カード4試合で取り返すには、最低でも3ポイントは必要でした。つまり2勝2分け、あるいは3勝1敗すればいい。しかし1勝3敗で、東大戦の取りこぼし分を回収することができませんでした。まあ、それは仕方ないとしましょう。

しかし、リーグ戦が始まって2カ月。最終週まで来てなんら変わっていないということは、この2カ月間何をしてきたのか。そこは各選手にピンポイントで説教をしました。

翌日の早慶2回戦に4対2と勝利し、「俺たちはやればできるんだ」ということは理解できたでしょう。ただ、ここで勝ったことによって、選手たちの間に安堵の表情が見え隠れしたのは誤算でしたね。どうせならコテンパンにやられて、連敗したほうがよかったのかもしれません。勝っても負けても、5位という順位は変わらなかった。いっそのこと奈落の底まで落ちてしまえば、あとは這い上がるだけでしたから。

早慶戦のあとグラウンドに戻ると、土砂降りの雨でした。室内練習場で納会をしている選手たちの様子を見て、「コイツら、5位という順位をちょっと忘れてしまっているな」と感じました。

その印象は、秋に向けての練習が始まっても変わりませんでした。

## ●主将の苦悩

主将の丸山壮史に関してだけは、納会でホッとした表情を浮かべているのを見て「よかったな」と思いました。

主将は代々、私が指名しています。1年目の加藤は私が監督に就任したときにはすでに主将と決まっていましたが、2年目の早川、3年目の丸山はともに私が指名しました。

主将選びの基準は端的に言えば、私の中で「コイツなら大丈夫」と思った選手。こちらの言ったことに対し、正しい反応のできる選手です。例えば黒いものを「白」と言ったときに、「えっ?」と言える。私が間違ったことを言わない前提でいえば、こちらが言ったことに対し、「なるほど、そうなんだ」と深い理解を示す選手です。

主将がレギュラーであれば、数字が伴ってほしい。チームをまとめる抜群のキャプテンシーがあれば、控え選手でも構いません。

丸山も私の考える条件を十分満たしており、彼ならこの役目を十分果たせると考え、指名しました。

しかし主将として最初のシーズンになった21年春はなかなか思うように打てず、かなり苦しんでいましたね。主将として、五番バッターとして、いろいろなことを考え、悩みながら過ごした2カ月間だったと思います。

早稲田大学の主将として、最終学年で結果を出さなければいけない。そんな重荷を背負うのはチームで1人しかいないわけで、うまくいってもいかなくても、それは仕方のないところだと思っています。

なぜなら、これまで一度も経験したことがない重責なのですから。

しかし、丸山はシーズン最後の早慶2回戦で4打数2安打2打点と、主将らしい仕事をしてくれました。この結果から、秋に向けて弾みをつけてくれればいい。本人に対しては、言葉にして言うまでもないでしょう。彼の言動を見て、チームに対して主将としての目配り、気配りが足りないときのみ、声を掛ければいいかなと思っています。

## ●2カ月間の成果は？

21年春のリーグ戦が終わってからは、授業優先期間。学生たちは自分の授業の時間に合わせ、時間別の練習をしています。『強化練習』という名目で、個々のレベルを上げていく期間です。

7月末の段階で――つまりリーグ戦終了から2カ月後、こちらの想定しているどおりの状態になっていなかったら、「8月のキャンプで死ぬほど練習しろ」という話から始めるつもりです。2カ月間、無駄な時間を過ごしてしまったわけですからね。それを秋のリーグ戦までの4、5週間で取り戻すには、1日に2日分練習しなければなりません。当然、オーバーワークになるでしょう。

私も本来、練習は「量より質」と思っています。ただし、それは「質の高い練習ができる」ことが前提です。質の高い練習ができない選手は、それができるように練習する。そのためにはどうすればいいか。ただ闇雲に量をこなす、時間をかける、ということではマイナスにしかなりません。大前提にあるのは、「無駄なことをしない」です。そこは各自、練習のやり方、出力、本当にそれでいいのか見直さなければなりません。

ところが今、選手たちを見ているとかなり無駄なことを繰り返し、繰り返しやっています。これでは、かえってマイナスです。なぜなら悪い癖がついてしまうから。それでいて本人たちは、十分練習をしたつもりになっている。充実した日々を過ごしている感覚でいると思います。非常にもどかしいところです。

21年春、一番悔しい思いをしたのは学生コーチだったと思います。「学生主体」の方針のもと、練習メニューはじめ彼らにチーム運営を委ねて結果が出なかった。相当ショックを受けているはずです。神宮で勝つために日々、グラウンドで何をすればいいか。どうすれば皆がうまくなれるか。私の中では答えは出ていますが、彼らが春の反省を踏まえ、自分たちで考えて取り組んでいる内容を見ながら、しかるべきところで話をしていくつもりです。

（21年）夏のキャンプも、コロナ禍で新潟（南魚沼市）遠征は中止。東伏見で行うことになりました。140人の部員を1日の中でうまく割り振って、練習しなければなりません。選手たちにとっても貴重な時間になるはずですから、それぞれが自覚を持って臨んでほしいと思っています。

最も憂慮しているのは今後、4年生が「3年生で（20年秋）優勝しているから、いいか」

という空気を出すこと。ありがたいことに……と言ったら語弊があるかもしれませんが、この春5位に沈んだ。彼らにとって屈辱的なシーズンに終わった事実が、その空気を吹き飛ばしてくれればいいのですが。

ライバル・慶應が優勝したことは、力のない早稲田大学が何を言っても始まりません。ただ早慶戦を1勝1敗、最後の最後に慶應に勝ってしまったことで、「俺たちはやればできる」という慢心につながらないよう、そこはしっかり見ていきます。

## ●早稲田大学野球部の誇りを持って

大学生活の4年間はあっという間です。

私はその4年間、下級生のときは飯田監督、上級生になってからは石井監督に早稲田大学野球部のなんたるかを学んだおかげで、30年以上経った今なお、私の体にも早稲田の血が流れています。だからこそ監督となった今、なんとか学生たちの心に響くように、早稲田大学野球部の神髄を伝えなければいけないと思っています。

学生たちには「早稲田の野球部を出た」と、常に胸を張れる人になってほしい。

4年間でリーグ戦出場が叶わなくても、「俺は早稲田の野球部で4年間、血のにじむような努力をしたんだ」という思いがあれば、胸を張れるでしょう。逆に胸を張ってそう言えない人間は、「早稲田の野球部出ているんだっけ?」と尋ねられるのも怖いはずです。そうであってはいけないと思っています。

社会に出て仕事が順調になるかならないかというタイミングで、ふと「そういえば早稲田の野球部を出ているんだよね?」と周囲に聞かれて、「そうなんですよ」と明るく答えられるのか、「まあ、いいじゃないですか、昔のことは」と言葉を濁すのか。

私はここにいる学生全員が、社会に出たとき胸を張って「早稲田の野球部を出ました」と言ってほしいし、胸を張ってグラウンドに戻ってきてほしい。

学生自身、自分の力量は一番分かっているでしょう。神宮の試合に出られるか、出られないか。それなら神宮で試合に出た連中と同じだけの、あるいはそれ以上の努力をしたと言えればいい。ここでどれだけ努力したか、4年間の努力に対し胸を張ってほしいと思います。

私が監督として早稲田大学野球部に来たのは、勝つためではない。昔の先輩がたが「これぞ早稲田大学野球部」となずける野球部に戻す。ただそんな思いを胸に、ここへ戻ってきました。だから学生には早稲田の野球部員としての誇りを持って世に出てほしい。こんな監督の情熱を受け止め、理解してくれる学生が一人でも増えてくれたら、と願っています。

## ●努力を未来につなげる

努力は尊いものではありますが、必ずしも野球の結果に結びつかず、リーグ戦への出場が叶わない選手も大勢います。

彼らには「結びつかない努力は、社会に出てから役に立つものだよ」と説明していま す。それでも彼らの中では、「使ってくれなかった」思いのほうが強いでしょう。彼らにとって、私はいい監督ではなかったということです。

しかし彼らになんと思われようが、試合に出るレベルにない選手に、打席やマウンドを与えることはできません。例え最終学年、最後のリーグ戦であっても早稲田大学野球部のため、3年生以下にそのチャンスを与えます。そこは譲れないところです。

では社会に出てから、早稲田大学野球部で培ったものをどうやって生かすか。職種にもよりますが、ある程度の大きさの会社に入れば、会社の歯車として仕事をすることになるでしょう。会社全体から見たら、大したウエイトではない、替えの利く歯車の一つです。それでも会社は「早稲田の野球部を出ている」と分かったうえで、その社員に接します。だからちょっとやそっとのことじゃあ、へこたれない。そういう社員になるのです。

5年、10年働いたのち、大きなプロジェクトを任されたとき、「やはり早稲田を出ているだけあるな」と思わせなければなりません。そのためにも東伏見のグラウンドと同様、日々隙を見せず、緊張感を持って過ごしてほしいと思います。そうすればきっと、そんな抜擢もあるはずです。

さらには「アイツに任せれば大丈夫」と言われ、「アイツの後輩だから大丈夫だ」と後進の採用につながる。社会のあちこちで、そんなふうに脈々と早稲田大学野球部の『一球入魂』が受け継がれていくのです。

それが早稲田大学の野球の神髄だと思います。

## ●根性と科学の野球

　これまで繰り返し述べてきたように、私の野球は——というより、早稲田大学の野球は、『根性野球』です。ただ一球に、魂を込める。『一球入魂』が早稲田野球の精神です。歯を食いしばって、誰よりも頑張ったヤツが最後に勝つ。これはすべての勝負事の根本にあると思っています。

「うまくなりたい」という思いを持っている人間がうまくなろうと必死に鍛錬している姿は、根性以外の何ものでもありません。とはいえ、闇雲に練習することで得られるものがある半面、無駄なことをしている時間もあるのではないか。これからは、根性野球に科学的野球を上積みし、無駄をなくす必要があると思っています。

　前章で述べた通り、私はプロ野球引退後、早稲田大学大学院スポーツ科学研究科で学んできました。早稲田にスポーツ科学部ができて、もう30年近くになります。そこには野球の研究をしている研究者も学生もいます。彼らと協力すれば、これまでの練習に科学的要素を加え、いろいろな可能性が広がります。ところが今の時点で、全くといっていいほど成果が得られていない。早稲田大学野球部として、これはもったいないですね。

監督就任後、旧知の先生に「できればこんなことをしたい」とお願いしたところ、気持ちよく協力を承諾していただきました。大阪の野村さんも、ご自分が監督としてやり残したのはこれだとおっしゃっていました。野村さんの思いを受け継ぎ、川口部長のお考えも得て、『ベースボール科学研究所』を立ち上げ、スポーツ科学部とタイアップしました。この取り組みは、まだ始まったばかり。実際学生たちに話しても、きょとんとしていましたしね。科学的な側面から野球にアプローチするなんて、全くイメージできていなかったと思います。

今後はスポーツ科学部の教授を筆頭に、学生が研究員となって野球と科学を研究していきます。学生が自分たちの卒論のために野球部を使い、部員はその被験者となる。部員は自分のテクニカルな部分を向上させるために疑問をもったところを、研究で解明できるようになります。専門家が野球選手に多い腰痛の予防方法を確立させるために、野球部を使って実験するとか、毎日いくつかの研究がグラウンドのあちこちで行われるようになる。そうすれば練習も、もっと中身の濃いものになるでしょう。

科学と野球という分野には無限の可能性が広がるはず。それを楽しみにしています。

## ●キャラメルとピース

毎シーズン、リーグ戦が始まる前には、小さな〝儀式〟があります。

開幕カードの始まる前日（金曜）練習後。ミーティングで監督がベンチ入りする25人を一人ひとり読み上げ、試合用ユニフォームを授与します。

実はこの〝儀式〟、私の大学時代にはありませんでした。いつ始まったのかも、分かりません。ただ、今は恒例行事になっていると聞きましたので、私も継承しました。

私たちのころは、寮の講堂にユニフォーム一式が用意され、黒板に張り出されたメンバーを自分たちで勝手に見て、確認していました。

リーグ戦前になると、30人に絞っての『レギュラー練習』が行われます。金曜の練習が終わると、その30人が講堂に集まってミーティング。そこから25人のベンチ入りメンバーが黒板に張り出される、という流れでした。

監督からメンバーとして名前を呼ばれるのは、試合当日のスタメン発表のときだけでした。しかも石井さん、ポジションを省略して打順だけ読み上げる。確かに守備位置はもう固定されていたから、言う必要がないといえばなかったんですけれどね。

毎年、飛田先生と石井さんの命日に合わせ、墓参します。そのとき石井さんが好きだった両切りピース（フィルター部分を切ったもの）やキャラメルを持っていって供え、墓前で集まった人たちと話をし、私がそれを預かって持って帰ります。

キャラメルは晩年の石井さんが食の細くなった中、栄養を取るための糖分でした。生前、神宮のバックネット裏でOBに「おい、食べろよ」と言って配っていた姿を思い出します。

私が早稲田大学野球部監督に就任した19年春のリーグ戦前、石井さんのご長男・拓藏さんから石井さんの形見の帽子を「一緒に戦ってもらいたい」と言って託していただきました。その帽子と石井さんの写真――帽子だけではなんだか忍びなかったので――そして両切りピースとキャラメル、『コーチの心得』を、自分のお守りとしてバッグに入れ、リーグ戦にはいつも携帯しています。そうしてダグアウトにいると試合中、ところどころ「これ、石井さんだったらどう思っているんだろうな」「選手にどう反応するんだろうな」とフッと思うことがあります。

試合に勝った日は、寮の監督室に戻ってキャラメルを1つ、口に入れます。引き分けのときは食べないから、21年の春は3粒しか食べられませんでした。

残りの7粒が入った箱とピースの箱はそのまま、監督室に置いてあります。今はキャラメル5箱、ピース5箱。その横で、今日も定点観測してきた選手たちにあれこれ、思いを巡らせています。

## おわりに

プロ野球の現役時代、いずれ（プロ野球の）監督になるんだろうなと思っていました。

私は1990年、早稲田大学からロッテオリオンズ（現千葉ロッテマリーンズ）にドラフト1位で入団しました。そのとき担当スカウトの方に、「将来はチームの監督をゴールに据え、現役中からいろいろ考え、勉強しておきなさい」と言葉をいただきました。

大学入学前こそ「将来は高校教師兼野球部監督になるか」と思っていましたが、『監督』という仕事そのものに特段、魅力や憧れは感じていませんでした。しかし球団スカウトの言葉を聞き、「将来の監督候補として球団が考えている、それを含めてのドラフト1位であり、その期待を背負ってユニフォームを着なければいけないのだ」と自覚しました。

現役時代は、常にその意識を持って日々を過ごしてきました。

その一方で、早稲田大学での4年間があったからプロになれたのだという思いも、強くありました。プロ野球より密度のある大学4年間が、私の野球人としての基礎を作ったのです。早稲田大学には、その大きなご恩を返さなければなりません。できる範囲で……のご恩返しに始まり、ついには監督として「早稲田を建て直す」大役を仰せつかりました。

監督の力で１００％、チームが変わるものなら、そうしなければならないのでしょう。しかし、早稲田大学野球部は学生主体の運営が前提。それが目指すところは分かりながら、どこかもどかしい気持ちもあります。

指導者の情熱を理解するもしないも、受け止める学生の意識レベルにかかっています。今はまず、「何がなんでも早稲田で野球をやるんだ」という思いの伝わってくる選手がいない。だから監督である私が、「野球部一、早稲田愛が強い」と言われてしまうのです。

本の中では、散々「早稲田大学野球部はふざけたチームになってしまった」と書いてきました。こうしている間にも毎日、学生たちに自覚と自律を求め続け、睨みを利かせています。甘えを一掃するにはあと数年かかるでしょうか。しかし、必ずやります。

この本をきっかけに、『一球入魂』の早稲田野球を一人でも多くの中学・高校生が目指してくれればいいと思うし、日本、いや世界各地に散らばる稲門の皆さんが、若かりし日の神宮のグラウンド、スタンドを懐かしく思ってくだされば幸いです。

小宮山悟

# 早稲田大学野球部

●リーグ優勝回数／46回
●大学選手権／ 優勝5回（1959、74、07、2012、15）
　準優勝4回（1964、79、99、2002）
●明治神宮大会／ 優勝1回（2010）
　準優勝5回（1976、93、2006、07、15）
●創部／明治34年（1901年）
●合宿所／〒 202-0021
　東京都西東京市東伏見3−5−25　安部寮
●アクセス／ 西武新宿線「東伏見」駅から徒歩10分
●グラウンド／同上、全面人工芝

日本の野球を形作ってきた伝統のチーム。日露戦争の最中に渡米遠征の快挙（1905年）、アメリカから持ち帰った最新の野球知識が日本野球の基礎を作った。飛田穂洲の精神野球がこれに加わり、早稲田の野球が完成。戦前は伊達正男の早慶３連投、三原脩の早慶戦ホームスチールなどのドラマ。戦後は石井藤吉郎、末吉俊信らで部初の３連覇。60年秋には早慶６連戦を制す。野村徹監督が率いた2002年春からは４連覇を達成。07年に33年ぶりの大学日本一を遂げると、10年の明治神宮大会初制覇。12、15年にも大学選手権を制している。19年１月に元プロの小宮山悟が母校の監督に就任。20年秋は10季ぶり、法大と並ぶ最多46度目のリーグ優勝を飾った。

## ■早稲田大学野球部 歴代監督

| 代 | 名前 | 在任期間 |
|---|---|---|
| 初代 | 飛田忠順 | 1925秋 |
| 2 | 市岡忠男 | 1926春～30秋 |
| 3 | 大下常吉 | 1931春～33 |
| 4 | 久保田　禎 | 1934 |
| 5 | 田中勝雄 | 1937春～39秋 |
| 6 | 伊丹安廣 | 1940春～42秋 |
| 7 | 相田暢一 | 1946春～47春 |
| 8 | 森　茂雄 | 1947秋～57秋 |
| 9・14 | 石井連藏 | 1958春～63秋<br>1988春～94秋 |
| 10 | 石井藤吉郎 | 1964春～73秋 |
| 11 | 石山建一 | 1974春～78秋 |
| 12 | 宮崎康之 | 1979春～84秋 |
| 13 | 飯田　修 | 1985春～87秋 |
| 15 | 佐藤　清 | 1995春～98秋 |
| 16 | 野村　徹 | 1999春～2004秋 |
| 17 | 應武篤良 | 2005春～10秋 |
| 18 | 岡村　猛 | 2011春～14秋 |
| 19 | 髙橋　広 | 2015春～18秋 |
| 20 | 小宮山悟 | 2019春～ |

# 小宮山 悟

こみやま・さとる●1965年９月15日生まれ。千葉県出身。芝浦工大柏高から２年の浪人を経て早大教育学部入学。４年時には第79代主将を務めた。90年ドラフト１位でロッテ入団。ローテーションの柱として活躍。2000年に横浜ベイスターズへ移籍すると、02年はニューヨーク・メッツでプレーし、１年間の浪人を経て04年千葉ロッテに復帰した。09年限りで引退。日本通算455試合、117勝141敗4S、防御率3.71。現役選手だった06年には、早大大学院スポーツ科学研究科を専攻。引退後は野球評論家として活躍した一方で12年から３年間、早大特別コーチとして投手を指導した。2019年１月１日付で早大第20代監督就任。20年秋のリーグ戦では、勝った方が優勝という早慶戦で慶大を破り、10季ぶり46度目の優勝を成し遂げた。

## ■小宮山悟 東京六大学リーグ戦投手成績（1986～89年）

| シーズン(順位) | 試合 | 完投 | 完封 | 勝利 | 敗戦 | 投球回 | 三振 | 四死球 | 自責点 | 防御率 |
|---|---|---|---|---|---|---|---|---|---|---|
| 1年春(4位) | 出場なし | | | | | | | | | |
| 1年秋(5位) | 2 | 0 | 0 | 0 | 0 | 3 1/3 | 2 | 1 | 3 | 8.10(−) |
| 2年春(5位) | 5 | 0 | 0 | 0 | 0 | 8 1/3 | 6 | 1 | 0 | 0.00(−) |
| 2年秋(3位) | 7 | 2 | 1 | 3 | 0 | 28 | 17 | 8 | 4 | 1.29(1位) |
| 3年春(3位) | 8 | 4 | 1 | 3 | 3 | 47 2/3 | 12 | 24 | 12 | 2.27(6位) |
| 3年秋(3位) | 12 | 5 | 1 | 5 | 3 | 75 | 51 | 31 | 20 | 2.40(5位) |
| 4年春(2位) | 9 | 2 | 0 | 5 | 3 | 55 | 35 | 13 | 11 | 1.80(3位) |
| 4年秋(3位) | 9 | 4 | 3 | 4 | 1 | 64 2/3 | 42 | 12 | 8 | 1.11(2位) |
| **通算** | **52** | **17** | **6** | **20** | **10** | **282** | **165** | **90** | **58** | **1.85** |

## ■小宮山悟監督としての東京六大学リーグ戦績

| シーズン | 勝敗 | 勝点 | 成績 |
|---|---|---|---|
| 19春 | 7勝6敗 | 3 | 3位 |
| 秋 | 7勝6敗 | 3 | 3位 |
| 20春 | 3勝2敗 | .600 | 3位 |
| 秋 | 7勝0敗3分 | 8.5 | 優勝 |
| 21春 | 3勝6敗1分 | 3.5 | 5位 |

※20春は1回戦総当たり勝率制
20秋、21春は2回戦総当たりポイント制

## ■小宮山悟 NPB&MLB投手成績

| 年度 | 所属球団 | 試合 | 勝利 | 敗北 | セーブ | H | HP | 完投 | 完封勝 | 投球回 | 四球 | 死球 | 三振 | 失点 | 自責点 | 防御率 |
|---|---|---|---|---|---|---|---|---|---|---|---|---|---|---|---|---|
| 1990 | ロッテ | 30 | 6 | 10 | 2 | | | 6 | 2 | 170 2/3 | 63 | 4 | 126 | 70 | 62 | 3.27 |
| 1991 | ロッテ | 29 | 10 | 16 | 0 | | | 15 | 1 | 212 | 80 | 5 | 130 | 104 | 93 | 3.95 |
| 1992 | 千葉ロッテ | 29 | 8 | 15 | 0 | | | 9 | 1 | 172 2/3 | 64 | 6 | 124 | 86 | 76 | 3.96 |
| 1993 | 千葉ロッテ | 27 | 12 | 14 | 0 | | | 14 | 0 | 204 1/3 | 71 | 12 | 160 | 90 | 78 | 3.44 |
| 1994 | 千葉ロッテ | 14 | 3 | 9 | 0 | | | 3 | 2 | 85 | 28 | 3 | 67 | 48 | 40 | 4.24 |
| 1995 | 千葉ロッテ | 25 | 11 | 4 | 0 | | | 6 | 1 | 187 | 53 | 5 | 169 | 60 | 54 | 2.60 |
| 1996 | 千葉ロッテ | 25 | 8 | 13 | 0 | | | 2 | 0 | 154 2/3 | 39 | 5 | 90 | 86 | 78 | 4.54 |
| 1997 | 千葉ロッテ | 27 | 11 | 9 | 0 | | | 3 | 2 | 187 2/3 | 30 | 2 | 130 | 62 | 52 | 2.49 |
| 1998 | 千葉ロッテ | 27 | 11 | 12 | 0 | | | 10 | 2 | 201 2/3 | 27 | 5 | 126 | 101 | 80 | 3.57 |
| 1999 | 千葉ロッテ | 21 | 7 | 10 | 0 | | | 4 | 0 | 141 2/3 | 15 | 1 | 96 | 74 | 64 | 4.07 |
| 2000 | 横　浜 | 26 | 8 | 11 | 0 | | | 5 | 3 | 161 1/3 | 37 | 0 | 108 | 72 | 71 | 3.96 |
| 2001 | 横　浜 | 24 | 12 | 9 | 0 | | | 6 | 3 | 148 2/3 | 30 | 8 | 74 | 55 | 50 | 3.03 |
| 2002 | メッツ | 25 | 0 | 3 | 0 | 0 | | 0 | 0 | 43 1/3 | 12 | 3 | 33 | 29 | 27 | 5.61 |
| 2004 | 千葉ロッテ | 18 | 3 | 4 | 0 | | | 0 | 0 | 81 | 21 | 4 | 47 | 49 | 47 | 5.22 |
| 2005 | 千葉ロッテ | 23 | 0 | 0 | 1 | 1 | 1 | 0 | 0 | 40 1/3 | 5 | 0 | 22 | 20 | 17 | 3.79 |
| 2006 | 千葉ロッテ | 24 | 0 | 2 | 0 | 0 | 0 | 0 | 0 | 35 | 6 | 0 | 15 | 18 | 18 | 4.63 |
| 2007 | 千葉ロッテ | 41 | 3 | 1 | 0 | 3 | 6 | 0 | 0 | 56 1/3 | 12 | 2 | 24 | 29 | 25 | 3.99 |
| 2008 | 千葉ロッテ | 33 | 3 | 2 | 0 | 2 | 5 | 0 | 0 | 39 1/3 | 9 | 2 | 18 | 29 | 25 | 5.72 |
| 2009 | 千葉ロッテ | 12 | 1 | 0 | 1 | 1 | 2 | 0 | 0 | 13 2/3 | 1 | 2 | 7 | 15 | 15 | 9.88 |
| **NPB通算18年** | | **455** | **117** | **141** | **4** | **7** | **14** | **83** | **17** | **2293** | **591** | **66** | **1533** | **1068** | **945** | **3.71** |
| **MLB通算1年** | | **25** | **0** | **3** | **0** | **0** | | **0** | **0** | **43 1/3** | **12** | **3** | **33** | **29** | **27** | **5.61** |

# 令和《れいわ》の『一球入魂《いっきゅうにゅうこん》』
## 球界屈指《きゅうかいくっし》の頭脳派《ずのうは》が愛《あい》する母校《ぼこう》を再建《さいけん》

2021年9月14日　第1版第1刷発行

著者　小宮山 悟《こみやま さとる》

発行人　池田哲雄
発行所　株式会社ベースボール・マガジン社
〒103-8482
東京都中央区日本橋浜町2-61-9　TIE浜町ビル
電話　03-5643-3930（販売部）
03-5643-3885（出版部）
振替口座　00180-6-46620
https://www.bbm-japan.com/

印刷・製本　大日本印刷株式会社

ISBN 978-4-583-11412-5　C0075